JN085076

# 自助の時代
# 生涯現役に向けた
# キャリア戦略

## 人生100年時代を生き抜く40代からの働き方指南

佐藤文男 [著]

労務行政

# 本書に込める想い

　東京オリンピックの前年に当たる 2019 年はラグビーワールドカップが日本で開催され、大いに盛り上がった。そして、日本代表は健闘目覚ましくベスト 8 に進出した。その結果に至るまでの経緯を象徴する「ONE TEAM（ワンチーム）」という言葉が一世を風靡して流行語大賞に選ばれた。多くの外国人選手が加わる日本代表において、コミュニケーションを深めてチーム一丸となってプレーしたことがベスト 8 進出をもたらしたといえよう。

　"少子高齢化社会" を迎えている現在の日本において、20 〜 30 代の若い世代に対して、50 代以降の熟年世代も "生涯現役" を目指して、さらなる社会への貢献に想いを持って前進していくならば、すなわち若い世代から熟年世代までが「ONE TEAM（ワンチーム）」となって邁進すれば、日本の将来の可能性も広がり、明るく希望を持てる時代になるはずだ。

　慢性的な人手不足、AI をはじめとする技術の進歩、働き方の柔軟化、就労意識の変容・多様化という流れを受けて、人生 100 年時代におけるビジネスパーソンの働き方、生き方は再考を迫られているといえよう。そうした現実に果敢に挑戦するための指針を掲げたい。

　人生はマラソンである。ビジネスパーソンとして過去を語るよりも常に現在、そして未来を語りたい。ビジネスパーソンとして 65 歳以上も健康である限り仕事を継続したい。ビジネスパーソンとして可能な限り自らを成長させるべく前進し続けたい。

　そんな想いを持つ 40 〜 50 代のビジネスパーソンに本書を捧げる。

佐藤文男

# はじめに

# "一生1社"が美徳の時代は終わった

　終身雇用の下、かつては転職せずに定年まで同じ会社に勤務することは美徳とされた。しかし、一生1社で勤務できる時代ではなくなりつつある現実が既に到来している。

　私は自らの経験とヘッドハンターという職業で得た知見を踏まえて、今まで転職に関する本を数多く出版してきた(巻末資料参照)。それらの本の中では、繰り返し「転職せずに定年まで1社に勤務することも、とても大切なことである」と述べてきた。

　いまや平均寿命も延び、かつ医学の進歩もあり、健康を保つことができれば、男女ともに80歳超まで生きられるようになっている。さらにIPS細胞に代表されるような今後の医学の進歩に期待すれば、数十年後には男女問わずに日本人の平均寿命は90歳により近くなっていくことが想定される。

　今後80〜90歳まで生きるとしたら、仮に定年まで1社に勤務して65歳で退職したとしても80〜90歳までの15〜25年間を仕事もせずに年金のみに頼って生きていく人生設計で果たしてよいのか疑問が残る。もっと言えば、金融資産を取り崩しても生活していけるのかという課題にぶつかる。

　経済環境が今後もこのまま持続可能であれば年金は100年後も安泰であるという政府による見解を、一般のビジネスパーソンの立場に置き換えて考えれば、現在勤務している企業が今後も安定的に成

長していければ、100年後も存続していると言っていることにほかならない。環境変化の激しい時代に、果たして実現・達成できるのだろうか。

　すべてのビジネスパーソンに言えることは、今後の平均寿命の延びを踏まえ生涯を通じてのキャリアを考えた場合に、“一生1社勤務”だけだとキャリアの幅を広げていくには限界があるということである。すなわち、生涯にわたるキャリアを自らの力で構築する、キャリアに関しては“自助の時代”が到来したと言っても過言ではない。まさに、自分のキャリアを勤務する企業任せにするのではなく、仮に80歳まで生きるとすれば、いかに仕事を継続していくか、社会に貢献していくかを本気で考える時代になったといえる。キャリアプランニングに対する自己責任、いうなれば“生き方”への自己責任が求められているといってもよいだろう。

　ゴルフ界では20歳で全英女子オープンを制した渋野日向子選手が登場したように、いまやスポーツ界では10〜20代にかけて若手の台頭が目立ってきている。現在50代の私を含めて40〜60代までのビジネスパーソンが、若手に対してプラスとなる意義ある刺激（影響）を与えられる“良き先輩”として教え導く存在になれるように、自分自身も含めて、「生涯を通じて自分を磨き続ける」、すなわち“生涯現役”を目指して邁進していきたい。

　令和2年元旦

佐藤文男

# 自助の時代　生涯現役に向けたキャリア戦略　目次

本書に込める想い……………………………………………………………3

はじめに　"一生1社"が美徳の時代は終わった……………………………4

## 第1章　定年はゴールではない。あらためて生涯現役の意味を考える

1. 人生100年時代を生き抜くための"二毛作"戦略の必要性 …………… 12

2. 定年まで一つの会社で勤め上げる固定観念からの脱却 ……… 17

3. "60の手習い"ならぬ"70の手習い"も当たり前になる ……… 19

4. 60〜70代でもワクワク感を持って取り組む姿勢の意義 ……… 21

5. "自助"の時代の到来を前向きに受け止めよう ……… 22

## 第2章　人生100年時代における生涯現役に向けたキャリア変革の必要性

1. 65歳で会社を辞めても人生を終えるまで約20年ある ……… 26

2. これからは企業任せにせず、自分のことは自分で決める時代 ……… 27

3. 生涯現役に向けたキャリア変革の必要性 ……… 28

　コラム1 ≫ 70歳までの就業機会の確保へ向けた法改正の動き ……… 32

## 第3章　"働き方"や"生涯現役"に関する対談からの考察

■ 日本における雇用制度の常識は、既に耐用年数が過ぎている ……36

- ■「働き方改革」をどう考えるか ……………………………………… 37
- ■年金不安の時代、定年退職後のキャリアをどう考えるか ……… 38
- ■社会から、企業から求められ続けるために何が必要か ……… 39

| 楠木 建 | 高度成長期のマインドセットを、そろそろ体から抜かなければいけない …… 41 |
| 松本 晃 | 自分自身の"アセット"を増やしていかないと、退職後に世の中から求められない …… 51 |

## 第4章 筆者が考える生涯現役論

- 1. 亡き父から思う生涯現役の重要性 …………………………… 62
  - コラム2 ≫ 父・佐藤東助の半生 ……………………………… 63
- 2. 筆者自らの今までの生き方を振り返る ……………………… 64
- 3. 生涯現役を目指した4要素におけるキャリア変革 ………… 67
- 4. 筆者の考える80歳現役目標到達計画 ……………………… 70
  - コラム3 ≫ 2040年の未来予想図 —— 筆者が80歳の1日 …… 72
- 5. 筆者が考える生涯現役を実現するための必須要件 ……… 75

## 第5章 ［人物評伝］ 偉大なる生涯現役の先駆者に学ぶ

- 1. 生涯現役の先駆者 ……………………………………………… 84
- 2. 3人の概略 ……………………………………………………… 85
  - 1.哲人 中村天風 ……………………………………………… 87
  - 2.東京ディズニーランドの創業者 高橋政知 ……………… 92
  - 3.ホテルニューオータニの創業者 大谷米太郎 …………… 97

## 第 6 章　生涯現役に向けて発想の切り替えから始めよう

1. 定年の定義および年金への今後の期待度 ……………………………………… 104
2. まずは所属組織から距離を置く意識改革が必要 ……………………………… 107
3. "自立"に向けた変革ステップ ……………………………………………………… 109
4. 60歳を40歳と捉える仕事における年齢認識改革 ……………………………… 111
5. 80歳までの生涯現役のイメージ構築 …………………………………………… 112

## 第 7 章　生涯現役に向けた実践アプローチ

1. これまでのキャリアレビューシートの作成 ……………………………………… 114
2. 80歳までのキャリア開発シートの作成 ………………………………………… 119
3. 自分の人生は自分で切り開く気概の確立 ……………………………………… 121
4. 他者に頼らない真の自立への道 ………………………………………………… 123
5. 現在の仕事を通じて
　　"生涯現役"への仕事術として"創職力"を磨く ……………………………… 124
6. 取得しても意味のない資格取得に走らない
　　真のキャリアアップを考える …………………………………………………… 126
7. 将来に向けた人脈ネットワークの基盤構築に注力する ……………………… 128

## 第 8 章　パターン別の生涯現役を探求する

1. 専門性の確立から80歳までの雇用機会を探る ……………………………… 132
2. 副業から起業につなげる ………………………………………………………… 134
3. 50代あるいは60代で起業する …………………………………………………… 136

4.「お一人さま起業」の一般化 ……………………………………………… 139

5. 地方創生に貢献する ………………………………………………………… 140

## 第 9 章 ｜ 生涯現役の意義を考える

1. 年金から自立する意識が生まれる ………………………………………… 144

2. 家族との良好な関係を再構築できる ……………………………………… 145

3. 仕事は健康維持をサポートする …………………………………………… 146

4. 社会とのつながりを維持する ……………………………………………… 147

5. 若い世代に向けての社会貢献の尊さ ……………………………………… 148

## 第 10 章 ｜「働き方改革」と生涯現役を考える

1. 働き方改革の真の狙いとは ………………………………………………… 150

2. 仕事を楽しめることこそプロ人材 ………………………………………… 151

## 第 11 章 ｜ 生涯現役に向けた心構え

1. 戦後の復興期を考えたら日本の将来への可能性はまだまだある …… 154

2. 少子高齢化社会の到来をチャンスと捉えて、
   生涯現役を通じて自助の時代を前向きに生き抜こう …………………… 155

おわりに ………………………………………………………………………… 157

最後に …………………………………………………………………………… 159

巻末資料　今まで出版した18冊の書籍を振り返って ……………………… 161

# 第 1 章

定年はゴールではない。

あらためて

生涯現役の意味を考える

# 1 人生100年時代を生き抜くための "二毛作"戦略の必要性

　私は、これまで3度の転職経験に加えて、起業、さらには50代前半でのシンガポールへの海外赴任など、自分を"キャリアの実験台"として、さまざまなチャレンジをして自らの生き方を実践し、かつ模索してきた。

　一方で、私は自分の経験や知見を活かして、過去に転職に関する書籍を数多く出版してきたが、どの書籍でも"一生1社"、すなわち、新卒で会社に入社してから定年まで同じ会社で勤務し続けることを決して否定していない。それは、各個人を取り巻く事情や価値観に従って、働き方、生き方を決めればよいからである。

　私は2020年に還暦（60歳）を迎える。我々世代が就職した1980年代初頭は、ドル高・円安傾向で日本の輸出産業は価格競争力を背景に経常収支黒字を拡大し、経済の高成長と相まって日本企業は強かった。そうした時代背景から当時は、とりわけ大企業に関しては、大学を卒業して企業に入社したら、その企業で定年まで勤め上げるというのが"常識"だった。もちろん、現在では終身雇用は徐々に崩壊しつつあるが、感覚的には、我々世代は"一生1社"という考え方が当たり前であり、その下の世代の40〜50代でも、いまだに"一生1社"という固定観念が根底にあるように思えてならない。

　ただ一方で、今後のビジネスパーソンの生き方を考える上で重要な点は、医療の進歩に伴って平均寿命は確実に延びていくということである。いまや平均寿命（2018年）は男性が81.25歳、女性は87.32歳となり、周囲にも親戚を含めて90歳を超えている人が普通

に存在する時代となった。いわば、健康上大きな支障がなければ、80歳まで生きることが一般的になりつつあるわけである。もしかしたら、今後10年後、20年後には100歳まで生きることが珍しいことではなくなる時代がやってくるかもしれない。

　こうした前提に立てば、"一生１社"で定年まで勤務したとしても、仮に80歳まで生きるとした場合、65歳で会社を辞めてから15年もの時間がある計算になる。一般的に給与といった定期収入がない中で、金融資産を取り崩したとしても、残りの15年間を年金だけに頼って生活していくのは厳しいだろう。金融広報中央委員会「家計の金融行動に関する世論調査」によると、2019年の老後のひと月当たり最低予想生活費は27万円となっている［図表１−１］。厚生労働省が公表している2019年度の標準的な厚生年金額は22万1504円［図表１−２］なので、年金だけでは家計を賄えない計算になる。しかも、生命保険文化センターの「生活保障に関する調査」で老後のゆとりのための上乗せ額は、2019年は14万円である［図表１−３］。手取りで14万円以上を得るには、時給1100円として１日８時間勤務で１カ月に20日以上働かなくてはならない［図表１−４］。

　こうした現実を鑑みれば、生涯を通じて働けるうちは働く（稼ぐ）という選択をする必要があるだろう。そこで「人生二毛作」という概念で、生涯を通じた「生涯キャリア戦略」を自ら積極的に、かつ具体的に描いて邁進（まいしん）していくという前向きな姿勢が必要になってくる。「人生二毛作」とは、一生を二つに分けて、40〜50代になったら、これまで培ってきた経験や知識、スキルをこれまでと違った別の分野で活かしていくという考え方である。

　すなわち、"一生１社"を前提にしたとしても、80歳まで生きる

[図表1-1]　老後における最低予想生活費と金融資産保有額の推移

—万円—

| | 老後のひと月当たり最低予想生活費(世帯主の年齢が60歳以上・2人以上世帯) | [参考]老後のひと月当たり最低予想生活費(世帯主の年齢が60歳以上・単身世帯) | 金融資産保有額(金融資産を保有する2人以上世帯) | | 金融資産保有額(金融資産を保有していない世帯を含む2人以上世帯) | |
|---|---|---|---|---|---|---|
| | | | 平均値 | 中央値 | 平均値 | 中央値 |
| 2009年 | 27 | 25 | 1,478 | 800 | 1,124 | 500 |
| 2010年 | 26 | 22 | 1,542 | 820 | 1,169 | 500 |
| 2011年 | 27 | 31 | 1,659 | 958 | 1,150 | 420 |
| 2012年 | 27 | 27 | 1,539 | 860 | 1,108 | 450 |
| 2013年 | 28 | 24 | 1,645 | 900 | 1,101 | 330 |
| 2014年 | 27 | 29 | 1,753 | 1,000 | 1,182 | 400 |
| 2015年 | 28 | 26 | 1,819 | 1,000 | 1,209 | 400 |
| 2016年 | 29 | 18 | 1,615 | 950 | 1,078 | 400 |
| 2017年 | 28 | 25 | 1,729 | 1,000 | 1,151 | 380 |
| 2018年 | 28 | 22 | 1,559 | 800 | 1,174 | 500 |
| 2019年 | 27 | 21 | 1,537 | 800 | 1,139 | 419 |

資料出所：金融広報中央委員会「家計の金融行動に関する世論調査」
[注]　1. 調査時期　2019年6月14日〜7月23日
　　　2. 調査対象　全国8000世帯（世帯主が20歳以上でかつ世帯員が2名以上の世帯）
　　　3.「中央値」とは、調査対象世帯を保有額の少ない順（あるいは多い順）に並べたときに中位（真ん中）に位置する世帯の金融資産保有額のこと。平均値は少数の高額資産保有世帯によって額が大きく引き上げられることがあるため、水準が高めに出る

[図表1－2]　標準的な年金額

一円一

|  | 2018年度 | 2019年度 |
|---|---|---|
| 国民年金（老齢基礎年金：1人分） | 64,941 | 65,008 |
| 国民年金（老齢基礎年金：夫婦2人分） | 129,882 | 130,016 |
| 厚生年金（夫婦2人分の老齢基礎年金を含む標準的な年金額） | 221,277 | 221,504 |

資料出所：厚生労働省
［注］　厚生年金は、夫が平均的収入（平均標準報酬［賞与含む月額換算］42.8万円）で40年間就業し、妻がその期間すべて専業主婦であった世帯が年金を受け取り始める場合の給付水準

[図表1－3]　夫婦2人で老後生活を送る上で必要と考えられている最低日常生活費と老後のゆとりのための上乗せ額

一万円一

|  | ゆとりある老後生活費 | 老後の最低日常生活費 | 老後のゆとりのための上乗せ額 |
|---|---|---|---|
| 1993年 | 37.8 | 23.1 | 14.7 |
| 1996年 | 39.4 | 24.1 | 15.3 |
| 1998年 | 38.3 | 24.0 | 14.2 |
| 2001年 | 37.3 | 23.5 | 13.8 |
| 2004年 | 37.9 | 24.2 | 13.7 |
| 2007年 | 38.3 | 23.2 | 15.1 |
| 2010年 | 36.6 | 22.3 | 14.3 |
| 2013年 | 35.4 | 22.0 | 13.4 |
| 2016年 | 34.9 | 22.0 | 12.8 |
| 2019年 | 36.1 | 22.1 | 14.0 |

資料出所：公益財団法人生命保険文化センター「生活保障に関する調査」
［注］　2019年の数値は速報値

## ［図表1－4］　1カ月の収入試算

前提条件：東京都時給1100円、1日の勤務時間：8時間、
1カ月の勤務日数：20日、扶養家族1人

―円―

| 支給額 | 176,000 |
| --- | --- |
| 健康保険 | 8,910 |
| 介護保険 | 1,413 |
| 厚生年金 | 16,470 |
| 雇用保険 | 528 |
| （社会保険・雇用保険計） | 27,321 |
| 源泉所得税：扶養1人 | 1,300 |
| 住民税 | － |
| 控除額計 | 28,621 |
| 差引支給額 | 147,379 |

［注］　ここでは住民税は不問としている。住民税は前年1～12月までの
　　　　所得によって計算されるため、前年の所得が多い場合には、結果的
　　　　に14万円を下回ることも十分考えられる。

とした場合、それまでどうやって仕事と向き合っていくのかを見つ
め直す必要が出てきたというわけだ。決して強制的に仕事をする、
しなければならないという考え方ではなく、趣味など仕事以外で向
き合うものがあってもよいが、少なくとも80歳まで身体が元気で
あれば、生活のためだけでなく、生き方として社会とのつながりを
持ち続けることが重要だ。何らかの形で仕事に携わっていたいと考
えるビジネスパーソンは少なくないだろう。そのためにも"人生二
毛作"という観点から80歳までの"生涯キャリア戦略"を自ら描き、
構築していく主体的な生き方を考える時代に入ったといえる。

## ２　定年まで一つの会社で勤め上げる　固定観念からの脱却

　"一生１社" を貫こうとしても、70歳までが限界で、一般的に80歳まで面倒を見てくれる企業などほとんどないのが現実だ。逆に考えれば、もはや "一生１社" という固定観念にとらわれずに、そこから抜け出す発想が必要である。いまや「転職」は20〜30代の若い世代には当たり前になっているが、40〜50代で特に新卒から大企業に就職したミドル・シニア層は、転職に対してマイナスイメージを持っており、"一生１社" という概念からなかなか抜け出せないのが現実ではないだろうか。40〜50代の人は、80歳まで生きるとした場合、自分は将来どういう人生を過ごしたいのか、今の会社を退職した後のことも考えておかなければならない時期に来ている。人生設計の原点は、80歳まで生きると仮定した上で、自分の生き方を決して企業任せにするのではなく、自分なりの生き方やキャリア戦略をいかに自ら構築していくかという点にかかっている。

　裏を返せば、"一生１社" という固定観念に縛られている人は、その固定観念から脱却するために相応の努力が必要になる。私の23年に及ぶヘッドハンターの経験から言えば、仕事上で面談する50〜60代の候補者で、特に "一生１社" で頑張ってこられた方ほど、勤務してきた企業の仕事環境しか知らず、自分の身を捧げてきたという強い思い入れもあることから、基本的に企業に依存してしまっている。言い換えれば、現在勤務している企業に寄りかかる思考から離れられなくなってしまっているという印象が否めない。すなわ

ち、新卒から勤務してきた企業を卒業（退職）した後に、その後の人生設計を自分自身でどう描いてよいのかが分からない、もしくは考えられない状態になってしまっていることが少なくない。

　長らく同じ企業に勤め、その企業だけに通用する業務知識やノウハウ、マネジメントを身に付けたとしても、それは他の企業でも通用するとは限らない。"人生二毛作"の後半を視野に入れれば、別の会社や業種でも通用する汎用的な業務遂行能力やマネジメント能力を身に付けておく必要がある。そう考えると、前半に何をどう学び、身に付ければよいのか、仕事への向き合い方もおのずと変わってくるはずだ。しかし、"一生１社"の人は、そうした思考や訓練もないまま過ごして来てしまったわけだ。

　筆者と同じ50代は、新卒で入った会社で勤め上げる"一生１社"が美徳だったわけだが、そういう固定観念に縛られている人ほど、逆に"一生１社"を全うしたからといって、その後の自らのキャリアをデザインしていくことは難しい。したがって、生涯現役を考えるのであれば、世間に通用する一定の知識やスキルを身に付け、40～50代で新しい道に踏み出すという選択肢も視野に入れるべきであるし、そうした選択肢へのチャレンジも必要になってくるだろう。

　もちろん、65歳まで一つの企業に在籍して、その次のキャリア設計（キャリアデザイン）を自ら描けるのであれば、それに越したことはない。しかし、私のこれまでのヘッドハンターの経験からいえば、一つの企業に65歳まで勤務していた方は、概して企業への依存から脱却して次の選択肢にチャレンジすることをためらうケースが多かった。すなわち、長らくお世話になった企業から卒業（退職）間近になって自らの身の振り方を考えられる人は極めて少ないという現実がある。要は、80歳まで生きる（働く）ことを前提とし

た場合、自らの意思で長年お世話になった企業から離れて、自分なりの選択肢に思い切って踏み切れるかどうかが鍵を握るわけだ。それには "人生二毛作" における後半の切り替え時期を見定めることが重要となる。

## 3 "60の手習い" ならぬ "70の手習い" も当たり前になる

　"人生二毛作" 戦略において固定観念を捨てることは重要である。例えば、陸上競技の世界では、これまで100m走において日本人選手は10秒を切れないと考えられていた。ところが、2019年になってサニブラウン・アブデル・ハキーム選手（フロリダ大）、桐生祥秀選手（日本生命）、小池祐貴選手（住友電工）が相次いで10秒を切る結果を出している。彼らは、かつての固定観念を覆したわけである。

　「60歳になったら新たなことにチャレンジするのは難しい」というのもビジネスパーソンの固定観念の一つといえるが、私は正直、80歳くらいまでは、その人の想いと努力、周囲の支援があれば、どんな新しいことにもチャレンジしていけると考えている。実際に、私の知人である70歳近い女性の大学教授は、現在プログラミングを勉強している。プログラミングというと、IT業界では20〜30代の若手層にしかできないのではないかと一般的には思われるが、現実にはそんなことはない。

　新しいことにチャレンジする際に、「年齢から考えて、もう無理」といった考えを持つ人がいるが、それは、かつて日本人が100m走

を10秒以内で走ることは無理だと思い込んでいたことと、ある意味で同じといえる。いまや現実に10秒を切っている日本人選手が複数存在していることからも、そうした固定観念を捨てて、60歳や70歳になっても、新しいことに挑戦する気概を持つことは"一生1社"で終えるという固定観念から脱却する意味でも、人生二毛作の基礎になってくる考え方といえるだろう。これからは"60の手習い"ならぬ"70の手習い"という発想があってもよい。

　要するに、65歳になったら企業から卒業（退職）という一般的な縛りで人生を捉えるのではなく、65歳以降も前向きに新しいことにチャレンジすることが大切である。実際に、世の中には80歳を過ぎてもソーシャル・ネットワーク・サービス（SNS）のインスタグラムを活用して活躍している女性カメラマンも存在するし、今後70代あるいは80代で新しいことにチャレンジする人は、ますます増えてくるだろう。

　何かを始めるときに、「60代だから」「70代だから」もはや遅いという発想を捨てて、いわば年齢の固定観念から脱却して意識を切り替えていくことが大切である。

　第6章で触れるが、私自身は、"60歳はまだまだ40歳"、"80歳はまだまだ60歳"といった感覚を持つ、年齢への前向きな意識改革があってもよいと考えている。

# 4 60 ～ 70代でも ワクワク感を持って取り組む姿勢の意義

新しいことにチャレンジする際に、「〜しなければならない」とか「こうあらねばならない」といった義務感で取り組むと長続きしない。日本人の美徳感覚として、何かに取り組む際に一生懸命やらなければいけないという意識が先行しがちだが、むしろ「楽しく」「ワクワク感」を持って取り組むことが大切である。例えば、今まで培ってきた仕事の延長で、決して自分を追い詰めるような捉え方ではなく、楽しみながらワクワク感を持って取り組むといった意識改革が重要になってくる。

そうした姿勢や意識は、最近のスポーツ界でグローバルに活躍する若手選手に多く見受けられる。意外にも若い世代のほうが、使命感や悲壮感とは違い、ワクワク感を持って競技に取り組んでいるケースが多い。

例えば、2019年に自身初となる海外大会で初のメジャー参戦の全英女子オープンで優勝した渋野日向子選手（20歳）が挙げられる。初出場の全英女子オープンの最終日に最終組で回る際に、今までのプレーヤーならば、おそらく緊張感で顔がこわばり、余裕をなくし、結果的にスコアが崩れていくパターンが多かったと思われる。しかし、彼女のすごい点は、前半でダブルボギーを出した後でも、後半に5連続バーディーを出して、なおかつ最後のほうは笑顔でギャラリーとハイタッチをしていた。スマイルシンデレラと称されるように、余裕を持って、お菓子を食べながら、ワクワク感を持ってプレーしている姿がとても印象的だった。良い意味でプレッシャーをプラ

スに捉えてプレーしたことが優勝という結果をもたらしたといえよう。

　何か新しいことにチャレンジする際に、適度な緊張は必要だが、余裕がないという事態は避けたい。これまで数々の経験を積んできた40～50代は、若い世代にはない知識と経験があるはずだ。新しいことにチャレンジする際のコツとして、気負わず自然体で、ワクワクしながら取り組む姿勢を渋野日向子選手から大いに学ぶべきだろう。

## 5　“自助”の時代の到来を　前向きに受け止めよう

　高齢化と人口減少が同時に進むというモデルを日本は世界で初めて経験する。少子高齢化という言葉は非常にネガティブなイメージだが、日本を取り巻く高齢化社会という現実をプラスに捉えたい。

　最近では、テニスの大坂なおみ選手、サッカーではレアル・マドリードと契約（その後、マジョルカに1年間の期限付きで移籍）した久保建英選手、アメリカのプロバスケットボールリーグ（NBA）ウィザーズの八村 塁選手をはじめとして、20歳前後で活躍しているスポーツ選手が出てきている。ある意味、20歳前後の若者が世界で活躍しているのを見て、60代、70～80代でも頑張って日本を盛り上げていく姿勢が高齢化社会をポジティブに捉えていくことにつながると考える。高齢化というと、「もう人生は終わった」かのように捉えがちだが、「まだまだこれからが本当の人生」といった具合に現状を肯定し、高齢化を歓迎する、すなわち“高齢化”その

ものをプラスに捉えるべきだろうと私個人は考える。

　高齢化を悲壮感ではなく、ワクワク感を持って楽しく、プラスに受け止め、さまざまな人生経験を積み重ねてきたからこそ、社会に貢献できることがあると考えれば、この高齢化社会、ひいては生涯現役を前向きに受け取れることができるだろう。

　2019 年 6 月に、老後は公的年金以外に 2000 万円の蓄えが必要であるとの試算を盛り込んだ金融審議会の市場ワーキング・グループの報告書が出され、波紋を広げた。これは、無職の高齢夫婦の平均収入が約 21 万円なのに対して支出は約 26 万円で、毎月約 5 万円の赤字となり、長寿化に伴い 95 歳まで生きるには 65 歳以降の 30 年間で約 2000 万円の金融資産の取り崩しが必要と試算したものだ。その公表は翌月が参議院選挙ということもあって大いに話題になった。

　しかしながら、そうした話題に振り回されることなく、世の中の動きがどうであれ、身体が元気であれば 80 歳までは仕事を続けていこうという気概を持てば、動じることはない。政府や現在勤務する企業に "おんぶに抱っこ" という発想ではなく、自分の人生は自分で切り開くという、まさに "自助の時代" の到来を前向きに受け止める必要があるだろう。

　高年齢者も自立して働き、社会に貢献していくという機運が高まり、現役世代に負けずに高齢層も頑張っているとなれば、日本の未来は明るいといえよう。もちろん、日本の将来を考えた場合、労働力確保の観点から外国人労働者を受け入れるという選択肢もあるが、一方で現在の 40 ～ 50 代以上の日本人が、生涯現役を目指して邁進していくことが、日本の明るい希望の一つになると確信する。

# 第 2 章

人生100年時代における

生涯現役に向けた

キャリア変革の必要性

# 65歳で会社を辞めても
# 人生を終えるまで約20年ある

　「生涯現役」というと言葉自体に圧迫感があり、生涯を通じて現役であり続けなければならないというふうに捉えがちだが、そうではない。

　長寿化に伴い平均寿命は延びており、しかも、これから医療もさらに進歩していくことを鑑みると、定年もしくは定年後再雇用によって65歳で会社を辞めてから悠々自適の余生を送るという時代ではなくなった。現在の年金支給開始年齢は原則として65歳であり、企業には希望する者を65歳まで雇用確保する義務がある。[図

**[図表2-1]　65歳の人が特定の年齢まで生存する確率**

| | 男性 | | | 女性 | | |
|---|---|---|---|---|---|---|
| | 80歳 | 90歳 | 100歳 | 80歳 | 90歳 | 100歳 |
| 2015年に65歳<br>（1950年生まれ） | 73% | **35%** | 4% | 87% | **60%** | 14% |
| 2025年に65歳<br>（1960年生まれ） | 75% | 38% | 5% | 89% | 64% | 17% |
| 2035年に65歳<br>（1970年生まれ） | 77% | 41% | 6% | 90% | 67% | 19% |
| 2045年に65歳<br>（1980年生まれ） | 78% | 43% | 6% | 91% | 69% | 20% |
| 2055年に65歳<br>（1990年生まれ） | 79% | **44%** | 6% | 91% | **69%** | **20%** |

資料出所：厚生労働省「完全生命表」「簡易生命表」、国立社会保障・人口問題研究所「日本の将来推計人口（平成29年推計）」より試算したもの

表2－1］のとおり、2015年時点に65歳を迎えた1950年生まれの人では、既に男性で73%、女性で87%が80歳まで長生きをする見込みで、90歳まで生存する確率も男性で35%、女性で60%に達する。このことを見れば、65歳で会社を辞めて人生を終えるまで男性で約20年、女性に至っては25年も時間があることになる。

　「人生100年時代」といわれるが、人生をより意義あるものにするためにも、定年後の生活をいかに充実して過ごすかが重要になっている。そのためには年金だけに頼ることが難しい状況の中では、何らかの形で仕事に携わることがこれから一般的になってくると思われる。

<h2>2　これからは企業任せにせず、自分のことは自分で決める時代</h2>

　生涯現役といった場合に、これからの仕事のスタイルは今とは大きく変わるだろう。人工知能（AI）、モノのインターネット（Internet of Things、IoT）、ロボットによる業務自動化（Robotic Process Automation、RPA）の技術が急速に進歩することで、おそらく、これから5年先、10年先は、仕事のスタイルが加速度的に変わっていく（72ページ「コラム3」参照）。ビジネスパーソンが毎朝電車にゆられて会社に行くことがなくなってくるかもしれないし、実際に、オフィスに向かわず、会社が契約しているシェアオフィスや自宅で仕事をするテレワークを取り入れる企業も大企業を中心に普及してきている。

　これから技術の進歩によって、仕事のスタイルや在り方も大きく

変わってくるが、それは技術によって老化に伴う身体的な衰えや負荷を軽減できるということでもある。そうした面もプラスに捉え、ずっと1社で65歳まで雇われ続けるよりは、40〜50代で新たな道に踏み出したほうが、80歳までの自分の生涯キャリアを考えたときに選択肢が増えると考える。

　ここで私が強調したいのは、80歳まで生涯現役というシナリオを描いたときに、40〜50代で新たな選択肢を見つけることができたならば、そこは勇気を持って自分なりに一歩踏み出す覚悟が大切ということだ。現代は、企業に頼るのではなく、"自立"すなわち"個"の時代になってきている。生涯現役に向けてキャリアの変革を自らの意思で真剣に考える時代が到来したといえよう。まさに"自助の時代"の本格的な到来であり、そうした時代の流れを前向きかつ真摯に受け止め、自分事として本気で考える時期に来たことに気づく必要がある。

## 3　生涯現役に向けたキャリア変革の必要性

　私は82歳の誕生日まで仕事をしていた父の影響から、福沢諭吉の残した「世の中で一番楽しく立派な事は一生涯を貫く仕事を持つという事です」という「心訓」の中の一節を座右の銘にしている。

　私は本書を通じて、元気であれば仕事を続けたいと考える40〜50代のビジネスパーソンに対して、生涯を貫く仕事を持つことの楽しさ、大切さ、そのためのノウハウを私の経験を踏まえて解説していく。

　40 〜 50 代のビジネスパーソンが、生涯現役に向けたキャリア変革が求められている背景には、以下の二つがある。

　一つは、社会構造として 1971 〜 1974 年生まれの団塊ジュニア世代（2020 年で 46 〜 49 歳）の上に、1965 〜 1969 年生まれのバブル期入社世代（同 51 〜 55 歳）が存在する。現在の経済情勢は、不安要素を抱えながらも緩やかな景気拡大基調を維持しているが、この景気も 2020 年の東京オリンピックが終われば、オリンピック関連需要の減退によって減速が懸念される。企業内にも、団塊ジュニア世代、バブル期入社世代がボリュームゾーンとして存在し、しかも働きぶりと人件費コストが見合わないとされる層が一定数いるとすれば、景気の減速による企業業績の悪化に伴い、まずはそうした層がリストラのターゲットとなる。かつてのバブル経済崩壊後のリストラの再来があるかもしれないという状況を踏まえると、将来に不安を抱えるビジネスパーソンも多いと思われる。そのような背景からも他社でも通用する知識・スキルを持ち合わせていなければならない。

　もう一つは、寿命が延びることによる残りの人生の在り方だ。2018 年の日本人の平均寿命は男性が 81.25 歳、女性が 87.32 歳で、いずれも過去最高を更新した。世間では“人生 100 年時代”と言われているが、高年齢者雇用安定法により企業に雇用確保が義務づけられているのは 65 歳までである。厚生労働省の「高年齢者の雇用状況」によれば、現在のところ 66 歳以上で働ける制度のある企業の割合は全体の 27.6％と、約 4 社に 1 社にとどまる ［図表２−２］。すなわち、66 歳以降もそのまま企業で働き続けるのは現実的には難しいわけだ。また、60 歳から定年後再雇用で勤務できたとしても、かつての部下に気を使いながら、仕事の範囲や裁量権も狭められた

[図表２−２]　66歳以上働ける制度のある企業の状況

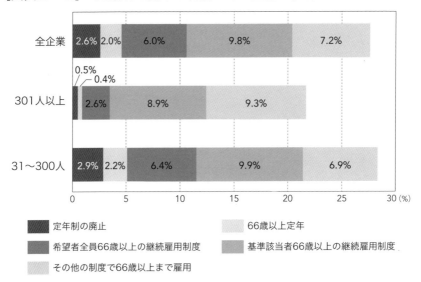

資料出所：厚生労働省「高年齢者の雇用状況」

　中で仕事をしていくのは精神的に大変であるし、そうした現実に折り合いを付けていくにも時間がかかる。一方で、年金の不安もある中で、80歳まで生きると仮定した場合に、会社を辞めた後の約15年間をどう生きるかも真剣に考えなければならない。

　厚生労働省の「高齢社会に関する意識調査」（対象は40歳以上の男女3000人、2016年２月実施）によれば、現在働いている人または現在働いていないが就労を希望している人に対し、何歳まで働きたいかを尋ねたところ、「働けるうちはいつまでも」が31.2％で最も多く、「70歳くらいまで」15.2％、「75歳くらいまで」8.1％、「76歳以上」1.3％を加えると、全体の55.8％は雇用確保義務のある65歳を超えて働きたいと考えている [図表２−３]。健康であれば、仕事を続けたいと考えている人が少なくないといえる。しかし、一

[図表２－３]　高齢期における就労希望年齢

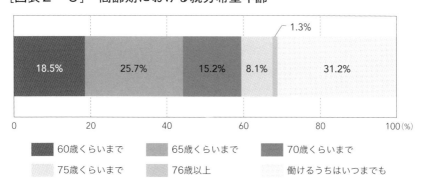

資料出所：厚生労働省「高齢社会に関する意識調査」（2016年2月）

　方で現在40代後半から50代のビジネスパーソンの中には、65歳で会社を辞めて80歳まで生きるとして、残り15年間を一体何をして生活したらよいのか想像もつかず、どう生きていけばよいのか漠然とした不安を持っている人も多いと思われる。

　かたや、年金に依存せずに80歳まで生涯現役で働き、余裕があれば税金を払って社会に貢献するという考え方もある。"生涯現役"とは、狭義では、生きている間は仕事を続けて働くことであるし、より広い視点に立てば、これまで培った知識やスキルを社会に還元し、さまざまな経験やノウハウを次世代に継承していくことにほかならない。

　芸能界で活躍している俳優は、基本的に生涯現役を貫くことができる存在といえるだろう。医者や弁護士あるいは看護師といった高度な専門性を駆使して仕事をしている人や農林水産業など第一次産業に従事している人も、体が健康であれば生涯現役を貫くことが可能である。すなわち、雇用を前提とするビジネスパーソン以外は、定年という年齢で働く場から退出を求められることはない。自分の

才覚や意思で、基本的に生涯現役で頑張っていける。生涯現役とは、決して特別なことではない。しかし、ビジネスパーソンの場合は、組織に雇用されているという意味で、ずっと同じフィールドで働ける人たちとは状況が異なる。定年になれば組織から離れざるを得ない。そのためにも現在の組織を離れて次に活躍できるフィールドの確保、知識やスキル、ノウハウ、いうなればキャリアを戦略的に考えていかなければならない。

## コラム1 》》 70歳までの就業機会の確保へ向けた法改正の動き

　2019年5月15日に政府の未来投資会議で議論された「全世代型社会保障における高齢者雇用促進」の内容が、6月21日に「成長戦略実行計画」として公表された。その中では70歳までの就業機会の確保を図り、高齢者の希望・特性に応じて多様な選択肢を整えることが掲げられている。
　70歳までの就業機会の確保措置の選択肢として、以下の七つが挙げられている。
①定年廃止
②70歳までの定年延長
③継続雇用制度導入（現行65歳までの制度と同様、子会社・関連会社での継続雇用を含む）
④他の企業（子会社・関連会社以外の企業）への再就職の実現
⑤個人とのフリーランス契約への資金提供
⑥個人の起業支援
⑦個人の社会貢献活動参加への資金提供
　混乱を防ぐため法整備は2段階に分けることとされ、第1段階で

は、上記①〜⑦の選択肢を企業に明示した上で、70歳までの就業機会確保の努力規定を定める。また、厚生労働大臣が、事業主に対して、個社労使で計画を策定するよう求め、計画策定については履行確保を求めるとしている。第2段階では、第1段階の実態の進捗を踏まえて、現行の高年齢者雇用安定法のような企業名公表による担保（いわゆる義務化）のための法改正を検討する。その際には、かつての立法例のように、健康状態が良くない、出勤率が低いなどで労使が合意した場合は、適用除外規定を設けることを検討する。

　なお、2019年9月27日から労働政策審議会（職業安定分科会雇用対策基本問題部会）で審議が開始され、第1段階の法案提出は2020年の通常国会でなされている。また、公的年金の支給開始年齢の選択肢の上限を70歳から75歳に引き上げる法案も提出予定である。

# 第 3 章

"働き方"や

"生涯現役"に関する

対談からの考察

本章では、一橋ビジネススクールの教授である楠木 建氏および元カルビー代表取締役会長兼 CEO である松本 晃氏という 2 人の識者との対談から、“人生 100 年時代”のビジネスパーソンの生き方や働き方に関する、それぞれの考えのポイントを紹介する（なお、この 2 人との対談内容は、「労政時報」のポータルサイト “jin-Jour（ジンジュール）https://www.rosei.jp/jinjour/” で、詳細を閲覧できる）。

　一橋ビジネススクールで教壇に立つ楠木氏は、著書の『ストーリーとしての競争戦略：優れた戦略の条件』（2010 年・東洋経済新報社）や『すべては「好き嫌い」から始まる：仕事を自由にする思考法』（2019 年・文藝春秋）がベストセラーとなるなど、企業の競争優位性や、仕事をする上での思考法に関する研究に常に幅広い注目が集まる、気鋭の経営学者だ。

　一方、松本氏は、ジョンソン・エンド・ジョンソンやカルビーを経営者として率いていた期間を通じ増収増益を果たし、躍進させたことで知られる、日本を代表するカリスマ経営者である。現在は代表取締役会長 CEO を務めるラディクールジャパンで環境ビジネスに取り組む一方で、パイオニアの再建に向け社外取締役に就任するなど、70 代を迎えた今もその一挙手一投足に大きな関心が寄せられている。

　このように、キャリアも専門分野も異なる両氏であるが、“働き方”やキャリアに関しての考えにはさまざまな共通項が見られた。

### ■日本における雇用制度の常識は、既に耐用年数が過ぎている

　「人生 100 年時代」の到来が叫ばれる中、日本の企業社会における雇用制度の常識が少しずつ変化しつつある。特に、新卒入社から

同じ企業内でキャリアを築いてきたシニア層には、終身雇用や定年制などの「日本的人事制度」が揺らぎつつある状況に、不安を感じるビジネスパーソンも多いのではないか。

　しかし、楠木氏、松本氏ともに、これらの「日本的人事制度」と考えられている働き方は、戦後の高度経済成長期という特定時期に定着しただけのシステムにすぎない――と断じる。

「これらは"高度成長という特殊状況の下でのみ有効に機能した仕組み"だと割り切る覚悟が必要です。『定年』をはじめとするわが国の労働関連の諸制度は、高度成長期に最適化する形で定着しました。高度成長期はもう終わって久しいと頭では分かっていながら、体が現実についていっていない人が多い。高度成長期を前提として考えるのはいい加減に卒業するべきです」（楠木氏）

「僕は日本の多くの会社にある、労働時間にとらわれている制度のほとんどを全否定しています。原因は明確で、現在も残るいろいろな制度は、第二次産業の工場を基準につくられてきたものだからです。日本は戦後、第二次産業を中心に成長してきましたが、第二次産業そのものが変化してきました。それなのに、昔の工場を基準とした制度をいまだに使っているのでは、うまくいくはずがありません」（松本氏）

## ■「働き方改革」をどう考えるか

　「一億総活躍社会を実現するための改革」として、労働時間法制が見直されるとともに、雇用形態に関わらない公正な待遇の確保が求められるなど、2019年4月から働き方改革関連法が順次施行されている。そんな中、企業のみならずビジネスパーソンにとっても、これまで常識とされていた"働き方"を見直すことが急務になって

いる。

　こうした状況に対して、両氏は大きな方向性自体には賛同しつつ
も、それぞれの問題意識から、現在の「働き方改革」論議で抜け落
ちている重要な論点を指摘する。

「『働き方改革』が間違っているとは思いませんが、『学び方改革』『働
き方改革』『余暇改革』の三つを同時並行で進めていかないとダメ
です。それなのに、『働き方改革』ばかり言っているから、結果的
にはおかしなことになります。少なくとも日本の場合は、まず『学
び方改革』が必要で、『働き方改革』はそれからです。さらに、余
暇をいかにエンジョイするか──つまり『余暇改革』も急務です」(松
本氏)

「働き方改革こそ、『良し悪し』ではなく『好き嫌い』で考えるべき
だと思います。長く働くほうが成果を出せる人はそうすればよいし、
それだと調子が出ない人は短時間で集中すればよいだけのことで
す。どんな仕事にも無駄は多いので、とりあえず『早く帰れ』と言
うのは、生産性に貢献すると思います。しかし、それは表面的な話
で、実際は分母(投入される労働時間や能力)で分子(成果)を割っ
たときに一番大きな値が出るように、一人ひとりが自分のスタイル
を実践することです」(楠木氏)

### ■年金不安の時代、定年退職後のキャリアをどう考えるか

　2019年に、公的年金以外に老後資金2000万円が必要という金融
庁の報告書が大きな話題を呼んだ。年金制度への信頼が薄れる一方、
70歳雇用の努力義務化に向けた高年齢者雇用安定法改正案が示さ
れるなど、「定年を迎えた後は年金生活で悠々自適」といった、か
つて"常識"とされていた考え方は、急激に覆りつつある。

こうした状況に対し、楠木氏は、年金等の議論の背後に"子ども
が親に面倒を見てもらう"ようなメンタリティがあることを疑問視
する。

「年金の話では、ことごとく『何とかしてくれ』という構えになり
がちです。もちろん、『人間の弱さ』を部分的に補完するために年
金のような制度があるのですが、本来は一人ひとり自立し、自分で
考えて行動していくのが大原則だと思います。まず個人の自立、独
立があって、それを補完するものとして政治や社会保障があるので
す」(楠木氏)

一方で松本氏は、"生涯現役"であることを自認する立場から、
高齢を迎えても働き続けることを推奨する。

「最近になって、官僚や政治家が『人生100年』と言い始めたのは、
社会保障が危機的な状況に陥って、もう国は面倒を見きれないから
もっと長く働いてくれ——と言っているだけです。ただ、健康であ
るのなら、収入が高かろうが低かろうが、働いたほうがいい。僕自
身は多分"生涯現役"です。生きていて、仕事が一番楽しい。趣味
であれば自分が楽しいだけですが、仕事は世のため人のためになる」
(松本氏)

### ■社会から、企業から求められ続けるために何が必要か

"生涯現役"のキャリアを築いていくためには、年齢にかかわらず、
社会から、企業から求められ続けることが必要だ。そのためにどう
考え、何を行っていくかという点において、両氏とも非常にシンプ
ルな考え方を表明している。キーワードは「需要」と「アセット(資
産、財産)」だ。

「原点に戻って考えるべきではないでしょうか。どのような計画を

立てて動いても、お金を払ってくれる人、すなわち、需要がなけれ
ば仕事にはなりません。反対に、思ってもないところで必要としてい
る人がいるはずです。会社という枠組みだけで考えないで、"自
分は誰に対して何を提供できるのか"という、一番根本にある問い
を考えてみることが必要です。自分で全然できてないと思っても、
会社に『あなたがいなきゃ困るよ』と言われたら、それは立派な仕
事なのです」（楠木氏）

「人間としての"アセット"（資産、財産）は、お金よりも価値のあ
るものです。特に大事なのは、知的なアセット、もしくは実績です。
こうしたものを持っている人を、世の中は必要とします。僕がいま
だにいろいろな会社から声が掛かるのは、あいつを採ったら自分の
会社の役に立つと思われているからでしょう。結局、個人のリスク
ですから、会社を離れたら誰も何も面倒を見てくれない。しかし、
それに文句を言っても始まりません」（松本氏）

## 楠木 建 くすのき けん［一橋ビジネススクール 教授］

## 高度成長期のマインドセットを、
## そろそろ体から抜かなければいけない

1964年生まれ。89年、一橋大学大学院商学研究科修士課程修了。
一橋大学商学部専任講師、同大学同学部助教授、同大学イノ
ベーション研究センター助教授、ボッコーニ大学経営大学院
（イタリア・ミラノ）客員教授、同大学大学院国際企業戦略研究
科准教授を経て、2010年から現職。専攻は競争戦略とイノベー
ション。『ストーリーとしての競争戦略：優れた戦略の条件』
（2010年・東洋経済新報社）、『「好き嫌い」と経営』（2014年・
東洋経済新報社）、『すべては「好き嫌い」から始まる：仕事を自
由にする思考法』（2019年・文藝春秋）など著書多数。

## 1."自分は誰に対して何を提供できるのか"という、
## 　一番根本にある問いを考えてみる

　仕事というのは、自分以外の誰かのために価値を提供することで
す。全部自分のためにやればよい趣味とは違います。仕事である以
上、提供したものに対して金銭的な報酬や新たなオファーが来たり
します。こういった原点に戻って考えるべきではないでしょうか。
どのような計画を立てて動いても、お金を払ってくれる人、すなわ
ち、需要がなければ仕事にはなりません。

　反対に、思ってもないところで、必要としている人がいるはずで
す。会社という枠組みだけで考えないで、"自分は誰に対して何を
提供できるのか"という、一番根本にある問いを考えてみることが
必要です。

　「個の自立」といっても、誰もが起業しなければならないという

話ではありません。ただ、高度成長期的な発想だと、ものの考え方が非常に「競争的」になりがちです。スポーツでは、誰かが勝てば誰かが負けます。金メダルは1個だけで、ビリまで優劣が1列に並ぶという競争です。それに対して現実のビジネスでは、同じ業界にも常に複数の勝者がいます。ユニクロもZARAも勝者です。それは、価値を提供しているからです。

## 2. "仕事" とは価値を提供することで、需要がなければ価値はない

　会社という限られた枠を取っ払って、当たり前の基本を考え直しましょう。仕事とは価値を提供することで、需要がなければ価値はありません。こうした単純な規律を持って仕事をしていれば、ほとんどの問題に対する答えが出ると思います。自分で思い悩む必要はありません。すべてはお客様が決めるのです。自分で全然できてないと思っても、会社に「あなたがいなきゃ困るよ」と言われたら、それは立派な仕事です。一方で、一生懸命に計画を立てても、「お呼びじゃない」と言われたなら、まったく仕事になってないわけです。

　オリンピック競技であれば2桁ぐらいの種目数しかありませんが、仕事には数え切れないくらいの職種があります。ビジネスは本来、好き嫌いという価値基準と親和性が高いものです。私の意見では、ビジネスにおける供給側、つまり企業側の戦略的な意思決定も、本質的に好き嫌いの問題です。商品を買うのか、買わないのかは、顧客側が自分の好き嫌いを基準に選択するわけです。向こうのニーズ、こちらが提供できる価値が「多対多」のマッチングとなります。自分が好きで得意な、他人よりもできることでなければいけないし、そうでないと需要になりません。「得意」というのは、やはり「好き」

ということであり、「すべては好きから始まる」というのはこうした意味合いです。

### 3. 外野の声ではなく、自分の内的な価値基準に忠実に判断して選択・行動していくことが望ましい

誰もがその仕事の第一人者になれというわけではありませんが、40 ～ 50 代まで働いていれば、必ず好きでかつ得意なものがあるはずです。しかし、会社という枠の中で考えると、当たり前のリアリティが見えなくなってしまいがちです。

そもそも会社は本来、その人の貢献に対して対価を払い、雇用を保障しているわけです。こうした当たり前のことをみんな忘れてしまっていると思います。ある特定の時期に定着しただけなのに、日本文化のように曲解された高度成長期のシステムは、いまや人を惑わせているのです。かつて日本企業の三種の神器としてもてはやされた年功序列・終身雇用・企業内組合は、"高度成長という特殊状況の下でのみ有効に機能した仕組み"と割り切る覚悟が必要ということです。

考え方は多様化しています。外野の声ではなく、自分の内的な価値基準に忠実に判断して選択・行動していくことが望ましい在り方です。キャリア形成の中核にあるのは、その人の能力や得手不得手です。一方、どこに就職するかというのは、そのときどきの運や縁が左右されるものです。自分が好きなことは何なのかと自問自答してキャリアを考えることはとても大切ですが、これは"夢に日付を入れる"という打算的な「計画」ではあり得ません。自分の中にある、どういうことが好きなのかの価値観や価値基準は、偶然によって左右されるものではないので、それを大切にしていくべきでしょう。

## 4. まず個人の自立があって、
### それを補完するために政治や社会保障がある

　最低限、自分の人生に責任を持って、経済的にも社会的にも精神的にも折り合いをつけていくのが、いつの時代もどんな国でも“大人”であるということだと思います。

　しかし、年金等の話では、ことごとく「何とかしてくれ」という構えになりがちです。もちろん、「人間の弱さ」を部分的に補完するために年金のような制度があるのですが、本来は一人ひとり自立し、自分で考えて行動していくのが大原則だと思います。聞こえてくるのは「どうしてくれるんだ」「何とかしてくれ」——という声ばかり。ずいぶん幼稚です。政治も「安心してください」「1億総活躍です」と耳障りのいいことを言いますが、本来政治家のメッセージは「一人ひとり自分の考えで、自分ができる分野で働いてください。あとは政治が何とかします」という順番であるはずです。

　まず個人の自立、独立があって、それを補完するものとして政治や社会保障がある。しかし、年金を巡る議論の背後に“子どもが親に面倒をみてもらう”メンタリティがあるのは、原理原則に反しているように思えます。

## 5. 定年制や新卒一括採用、終身雇用や年功序列は、
### 決して日本の伝統ではない

　「定年」という考え方も不思議です。日本における労働関連の諸制度は、高度成長期に最適化する形で定着したものです。高度成長期はもう終わって久しいと頭では分かっていながら、体が現実についていっていない人が多い。高度成長期を前提として考えるのはいい加減に卒業するべきだと思います。

　定年制や新卒一括採用、終身雇用や年功序列などを指して、「日本的経営」だといわれます。しかし、これらは日本的経営でもなんでもありません。現代でも、アメリカのような大国と比較して日本の問題点を挙げて「日本は駄目だ」と言っています。実は、戦前の昭和１桁のころも同じ論調でしたが、議論の向きが正反対でした。当時は、アメリカは長期雇用なのに日本企業はそうではないから駄目だと言っていたのです。1900年ころから巨大化していったアメリカの大規模企業組織、典型的にはフォード・モーター・カンパニーなどを念頭に置いて、"アメリカでは企業が一つの社会、家族として経営されており、人々は長期雇用下で会社にロイヤルティを持って働く。日本はあまりにも労働流動性が高く、給与の支払いがいい会社に簡単に転職していく"と比較していたのです。当時の日本の産業は金融財閥、要するに持株会社の支配下にありました。金融資本のロジックで動いているので、企業は短期的なキャピタリゼーションばかり追いかけ、労働市場では人がどんどん会社を移動していく。だから技術が蓄積しないし、いつまでたっても産業化が進まない。戦前にはこのように言っていたのです。

　つまり、終身雇用や年功序列というのは日本の文化でも何でもありません。狩猟民族だの農耕民族だのという民族性の違いを強調する人たちがいますが、まったく底の浅い話です。100年ももたないものを文化とは言いません。

## 6. 年功序列や終身雇用は優れたイノベーションだったが、役目は既に終えた

　日本における年功序列や終身雇用は、戦後の復興期に生まれた超弩級（どきゅう）の経営イノベーションだと考えています。年功序列は非常に優れたシステムで、あれほどトランスペアレント（透明）で、あらゆる人事管理コストをゼロにする仕組みはありません。アメリカ型の経営システムでは、評価・採用コストが非常に大きくなりますが、新卒一括採用・長期雇用・年功序列ではこれらのコストを限りなく低く抑えることができます。高度成長期には経営、労働者双方に大きなメリットがあったので、多くの企業で定着し、経済成長のエンジンの一つになりました。

　ただし、国や地域の経済でいう高度成長期とは一種の"青春期"で、長くても 10 〜 15 年間しか続きません。経済的には、現在のように追い風が吹いてない状態のほうが普通なのです。年功序列や終身雇用という仕組みは、たまたま日本の高度成長期という異常な時期にフィットして花開いたというだけで、文化的な根拠があるわけではありません。

　そもそも資本主義や市場メカニズム自体には、成長という要素はありません。成長は結果的なものです。経済成長をもたらす要因といえば、「イノベーション」もありますが、最もストレートには人口の増加です。しかし、現代の日本において人口増は望めません。つまり、日本においては、今まで異常な経営システムが定着していたのです。経済全体が一方的に伸びていくという状況がない限り、年功序列・終身雇用は論理的に破綻します。社内のポスト数だって限られていて、企業が支払える労働分配の総額も決まっている中で、誰もが右肩上がりに伸びていくというのはあり得ません。今は普通

の状態に戻っているので「普通の経営」が求められています。個人
も会社や仕事を選び、会社側も人を選ぶ。その人の貢献や、ポテン
シャルなど将来の貢献、要するにその人が提供できる価値への対価
として報酬が発生するというのが「普通の経営」です。すなわち「相
互選択」ということです。

　既に日本は"青春期"を終えました。頭では市場が成熟し低成長
下にいると分かっていても、体は高度成長期のまま「終身雇用では
ないのはおかしいんじゃないか」「年を取っても、ずっと給与水準
が保証されるのが当たり前ではないか」と考えてしまう。いや、そ
ういう状態こそが異常なんだ、というのが私の考えです。

## 7. 国内市場が停滞・縮小する中で、
   国境を越えた仕事をするケースは増えてきている

　私が一橋ICS（一橋大学大学院国際企業戦略研究科）で教えてい
る講義の一つに「Doing Business in Asia」があります。一橋ICS、
ソウル大学ビジネススクール、北京大学ビジネススクールに在籍す
るMBAの学生が一つのクラスを構成し、東京・ソウル・北京と三
つの学校を渡り歩きながら、それぞれ1週間、現地でフィールドワー
クを行い、アジアでビジネスをすることについて考えるという講義
です。教育領域でも、そういう形で国境を越えて仕事をするケース
は増えてきていますし、ビジネスだとさらに増えているのではない
でしょうか。ロケーション、つまり自分がどこにいるかは、昔に比
べるとあまり意味を持たなくなっていると思います。

　一橋ICSの場合、少数精鋭でMBAプログラムの学生は約50人
ですが、約20カ国から来ており、日本人は20％しかいません。日
本に興味があり、日本で、あるいは日本と商売をしたいという人た

ちが来ています。授業は英語で行っていますが、近年ではアジア各国からの学生が増えており、みんな便宜的に英語で会話をするため、以前に比べると英語でのコミュニケーションはやりやすくなっています。この20年でもずいぶん変わりました。

## 8. 日本人からアグレッシブさが失われているのは問題なのか

　20年前に学びに来ていた中国の学生と、現在学びに来ている中国の学生は全然違います。もちろん、どの国にもいろいろな人がいますから、あくまでも"平均値"の話ですが、私は国民性よりも時代背景が影響していると考えています。中国の学生も、昔のほうがアグレッシブでした。当時の中国は急速な経済成長により勢いがありました。たぶん日本でも、高度成長期の昭和40年代の20代は、今と比べてアグレッシブだっただろうと思います。

　若者は"時代を映す鏡"です。現代の日本人が意気消沈しているというより、高度成長期は誰もが根拠なく元気だったということでしょう。ハングリーであるほうがアグレッシブになるに決まっています。ただ、アグレッシブでもおとなしくても、それ自体は良いとか悪いという話ではありません。高度成長期に比べておとなしくなったかもしれませんが、上品で成熟し、思いやりがあるという良い面を伴っています。

　日本人は高度成長期にエコノミックアニマルと揶揄されながら、アグレッシブにビジネスを行っていました。時代が下るに従って、韓国、中国、ベトナム、ミャンマー——というように、活気のある国は移り変わっていきます。今の日本人はアグレッシブじゃない、内向的だと言っても仕方がありませんし、私は成熟とはそういうものだと考えています。

## 9. 働き方改革こそ「良し悪し」ではなく「好き嫌い」で考えるべき

働き方改革こそ、「良し悪し」ではなく「好き嫌い」で考えるべきだと思います。今までの「一生懸命働かなきゃ駄目、残業して当たり前、最後まで残っているやつが偉い」という偏った理解から、単に「早く帰るほうが偉い、有給休暇は全部取らなければいけない」と逆転するのは、どちらも間違っています。一人ひとりの"好き嫌い"で選択するべきで、長く働くほうが成果を出せる人はそうすればよいし、それだと調子が出ない人は短時間で集中すればよいだけのことです。

働き方改革の目的は「生産性の向上」ですが、これはインプットとアウトプットのバランス指標であり、分母には投入される労働時間や能力が、分子には成果が入ります。今は分母ばかりを見過ぎている状態です。分子の成果が変わらないのなら、分母の投入時間を減らせば生産性が上がります。しかし、分子まで減ってしまうかもしれませんし、そうすると生産性は向上しません。何のためにやっているのか目的を見失うことになるでしょう。

## 10. 高度成長期はもう何十年前の話。
### 異常な時代のマインドセットをそろそろ体から抜こう

ただ、明らかにどんな仕事にも無駄は多いので、とりあえず「早く帰れ」と言うのは、生産性に貢献すると思います。しかし、それは表面的な話で、実際は分母で分子を割ったときに一番大きな値が出るように、一人ひとりが自分のスタイルを実践することです。本来であれば、まず分子である成果をどう出すのかを考えるのが常道ですが、同じ成果を出すのであれば、分母を減らすに越したことはありません。

それにしても、小学校みたいですよね。これは正しい、これは間違っているという良し悪しの基準を持っている先生がいて、生徒手帳に書かれているルールを守りましょうという取り組みばかりが目立ちます。いかにも幼稚です。引率する先生が旗を振って連れていってくれるという高度成長期マインドセットのよくない点です。こう言うと僭越ですが、「もっと大人になって、当たり前に生きていきましょう」と提案したいですね。高度成長期はもう何十年前の話なのですから、異常な時代のマインドセットをそろそろ体から抜きましょう。

松本　晃　まつもと あきら［元カルビー株式会社 代表取締役会長兼CEO］

## 自分自身の"アセット"を増やしていかないと、退職後に世の中から求められない

1947年生まれ。1972年、京都大学大学院農学研究科修士課程
修了。伊藤忠商事、ジョンソン・エンド・ジョンソン メディ
カル（現ジョンソン・エンド・ジョンソン）代表取締役社長、カ
ルビー代表取締役会長兼CEO、RIZAPグループ取締役構造改
革担当を経て、2019年2月にラディクールジャパン代表取締
役会長CEOに就任。

## 1. 成長のカギは、人に投資し、人に任せること。
### 権限委譲は、人を成長させるための最大のツールである

　ジョンソン・エンド・ジョンソンで一番集中したのは成長（グロー
ス）でした。ジョンソン・エンド・ジョンソンという会社は成長が
好きだし、僕も大好きです。成長しなくては面白くありません。カ
ギになるのは、人に投資し、人に任せる――という2点です。「任
せる」というのは、徹底的に権限を委譲することです。例えば、会
社で突然「あなたに社長を任せる」と言われたら最初は驚きますが、
この会社をどうやってよくしていこうかと真剣に考えるでしょう。
　失敗するのは仕方のないことです。失敗から学びを得たと割り切
りましょう。特に、若い人の失敗は、何回かは許されます。ただし、
立場が上になってくると、1回の失敗なら許されるかもしれません
が、同じ過ちを2回繰り返すことは許されません。もちろん、仕事

や職種、階級によって、おおよそ何年までは様子を見るという暗黙の目安はあります。プロ野球の監督でも、最下位のチームを翌年に優勝させるというのは簡単なことではないでしょう。しかし、3年間かけても結果が出せないのなら、それは責任を問われます。もちろん、組織を動かすという醍醐味からいえば、コーチより監督のほうがずっと面白いです。

## 2. ビジネスも植物と同じ。
### 3年間ぐらいは花が咲くかどうか見当がつかない

現在、ラディクールジャパンで環境ビジネスに取り組んでいるのは、ある意味 "たまたま" です。ただ、僕は1986年からセンチュリーメディカルという医療機器の専門会社で、ヘルスケアビジネスをやってきました。また、1993年からジョンソン・エンド・ジョンソン日本法人に移りました。2009年からはカルビーという食品メーカーを経営して、残るのは環境ビジネスしかないとは思っていました。

ただし、ビジネスというのは植物と一緒です。日本には「桃栗3年柿8年」という諺があります。ビジネスも同じで、肩に力を入れても、3年間ぐらいはうまくいくかどうか見当がつかないこともあるのです。

ビジネスには、外部環境や自社の内的な要因によって半年でできるものもあるし、1年かかるもの、3年かかるものがあります。僕が今取り組んでいるビジネスは "3000m障害" だと思いながら取り組んでいるわけです。短距離走のようなペースで走ったら、持ちません。

### 3. 人は、本当は易しいことであっても、
### 自分で勝手に難しくしてしまう

僕のキャリアは15年単位です。45歳で伊藤忠商事を辞め、60歳でジョンソン・エンド・ジョンソンを辞めました。最初の計画どおりです。

経営者として結果を残したら、その地位に居座り続けたほうが気持ちいいに決まっています。ただ、気持ちがいいのはあくまで自分一人で、周りが気持ちいいわけではありません。僕はもともと、権力というのは年月がたてば腐敗すると言ってきました。さらに言えば、僕は辞めても"院政"はしません。つまり、前にいた会社の経営には一切タッチしません。これはいいか悪いかではなく、あくまで僕のやり方の問題です。

カルビーのCEOに就任するに当たって、東証1部への上場、そして米国の食品会社ペプシコ社との提携という二つの件で助けてくれないかという話がありました。当時、カルビーではペプシコとの提携の交渉に12年間を費やしていましたが、一向にまとまらない状況でした。双方の立場には当然ギャップがあります。しかしそれは、ギャップをどこで埋めるかというだけの問題です。埋められるギャップは埋めた上で、お互いに歩み寄るための条件を示したところ、相手も乗ってきました。

上場は、カルビー創業者の松尾 孝さんの目標でした。実は、会社の上場なんて、そう難しいものではありません。東証1部が定めている基準を満たせば、カルビーならば上場できます。そもそも業績的には、カルビーは基準を十分に満たしていましたから、それ以外の問題を一つひとつクリアすればよかったのです。

人は、一般的に易しいことであっても、勝手に自分で難しくして、

実行できなくしてしまいます。

　僕にとって例えば物理の勉強は難しいですし、ゴルフなどのスポーツは、いくら練習してもうまくなりません。人間なんて、全部うまくいくはずがないのです。ただ、僕にとっては会社の経営が一番易しかったし、向いていました。経営には「足し算」と「引き算」しかありません。会社の経営で掛け算を使うことは少ないでしょう。割り算なんてめったに使いませんし、微分や積分を社会人になって使ったことは1回もありません。

## 4. フリーアドレス、女性活躍推進……仕組みを整えれば、　その仕組みどおりに人は動く

　オフィスとは"作業場"ではなく、頭を使う場所です。しかし、ほとんどのオフィスでは、作業場と頭を使う場所を一緒にしています。机の上にも下にも書類やモノだらけの場所で、いい知恵なんて浮かびません。カルビーでは完璧なフリーアドレスを導入したため、毎日、違う場所に座ることになります。ICカードで入室したら、コンピューターがその日の座る場所を決める"ダーツ方式"というシステムを導入しました。同じ場所に座れるのは最長5時間まで。5時間たったら、もう1回ICカードでコンピューターにアクセスして、場所を移らなければいけません。社員には小さいロッカーを一つ与えて、そのロッカー以上の荷物は持つなと伝えました。良い仕組みをつくってあげれば、その仕組みどおりに人は動くものです。

　また、カルビーでは、女性の活用を最大のテーマにしていました。そのためには、ダイバーシティと働き方改革は同時進行で取り組んでいく必要があります。

　政府の動きを見ると、女性活躍推進から5年も後になって働き方

改革を呼びかけています、それでは両方ともうまくいかないと見ています。女性の活躍と働き方改革は同時進行で実行するものなのです。女性に活躍してもらおうと思っても、働き方改革が進まない限り、活躍しようがありません。

## 5.「学び方改革」「働き方改革」「余暇改革」を 同時並行で進めなければならない

「人生80年」という言葉が出てきた当時、平均寿命はまだ70歳くらいでした。本当に平均寿命が80歳に延びるとは、まだ誰も思っていない状況だったのです。ところが本当に「人生80年」が実現し、さらに平均寿命が延びていきました。これでは社会保障が破綻します。それで突然「人生100年」という言葉が出てきました。

「人生100年」となると、最初の約20年間は勉強し、40年間働いて、残りの人生は国が面倒を見る——というこれまでのモデルは成り立ちません。後半生の40年間、国が面倒を見ることはどだい無理ですから、働き方を含めて、生き方そのものを変えていかなければいけません。

「働き方改革」が間違っているとは思いませんが、「学び方改革」「働き方改革」「余暇改革」の三つを同時並行で進めていかないとダメです。それなのに、「働き方改革」ばかり言っているから、結果的にはおかしなことになります。少なくとも日本の場合は、まず「学び方改革」が必要で、「働き方改革」はそれからです。さらに、余暇をいかにエンジョイするか——つまり「余暇改革」も急務です。

僕は日本の多くの会社にある、労働時間にとらわれている制度のほとんどを全否定しています。朝は何時までに出勤する、夕方は何時に退社するなんて決め事は必要ありません。アウトプットが出せ

ればそもそも会社に来なくてもいいのです。ただし、出社しないことと仕事をしていないことはまったく別問題です。つまり、徹底的な成果主義なのです。

　会社に何時間いたから評価するという風潮は、現在徐々に消えつつあるといわれますが、その「徐々に」がダメなんです。徐々にやっているから、この国はいつまでたっても良くならない。一気に変えようと思わないと、なぜできないのか、理由を真剣に考えません。

　理由は明確です。日本は戦後、第二次産業を中心に成長してきた工業国です。現在も残るいろいろな制度は、第二次産業の工場を基準につくられてきました。ところが、第二次産業そのものが変化してきました。工場が自動化・省力化され、人が少なくなる代わりに、オフィスで働く人が増えていった。そんな中で、昔の工場を基準とした制度をいまだに使っているから、うまくいくはずがないのです。

　日本という国は、こんなに変なことを、みんな変ではないと思っているところが変なんです。この国の変な制度をそろそろ変えていかなければいけません。

## 6. 自分自身の"アセット"を増やしていかないと、
### 退職後に世の中から求められない

　大きな組織の中でただ生きてきただけで、自分の"お金ではないアセット"（資産、財産）を増やしてこなかった人は、ある意味で不幸です。半面まったく努力してこなかったとも言えます。どんな会社にいても、自分自身のアセットを増やしていれば、絶対に誰かが"買い"に来ます。

　人間としてのアセットというものは、お金よりも価値のあるものです。特に大事なのは知的なアセット、もしくは実績です。こうし

たものを持っている人を、世の中は必要とします。僕は72歳ですが、いまだにいろいろな会社から声が掛かるのは、あいつを採ったら自分の会社の役に立つと思われているからでしょう。

　お金ではない資産を、いかに増やしていくか、これが人生の醍醐味です。結局、生きていて一番面白いのはそこではないでしょうか。ところが、そんな簡単なことを日本では誰も教えてくれません。結局、個人のリスクですから、会社を離れたら誰も何も面倒を見てくれない。それに文句を言っても始まりません。

　40〜50代の人に言いたいのは、"Not too late"、遅すぎるということはないということです。今からでも自分の生き方を変えていく。学び方、働き方、余暇の過ごし方、すべてを変えなければいけません。だから働き方改革ではなく、「生き方改革」なのです。

　一方で若手は、しっかりとした人生のインフラをつくらなければいけません。特に20代の間に最低限の教養を身に付けておかないと、将来何もできません。そして、自分の人生のアルティメットゴール（究極のゴール）を決めることが重要です。自分は「何を」「どこまで」やりたいのか、ゴールを見定める。ゴールを決めない限り、中途半端で終わります。20代の時に定めたゴールを、その後の人生で本当に達成できるかどうかは、また別の問題です。しかし、人生に筋を通すという意味で、ゴールセッティング自体は必要です。

## 7. 仕事以上に面白いことがあればいいが、
   自分自身は生きていて仕事が一番楽しい

　戦後の経済成長を支えたワンパターンな成長モデルは、確かに国を豊かにしました。しかし、もうそんな時代ではありません。パラダイムは180度変わりました。最近になって、官僚や政治家が「人

生100年」と言い始めたのは、社会保障が危機的な状況に陥ったからで、もう国は面倒を見きれないからもっと長く働いてくれ——と言っているだけです。健康で長く働くこと自体は悪いとは言いませんが、現在の政府の論調の真の動機は極めて不純です。

　仮に老後に備えて2000万円を持っていても、その2000万円は"虎の子"のお金ですから、使うことはできません。虎の子に手をつけずに、収入と支出のバランスをとらないといけない。そうすると、健康であるのなら、収入が高かろうが低かろうが、働いたほうがいいのです。人手不足と言いますが、実は人手は決して不足していません。60歳を超えて、会社を辞めてブラブラしている人たちの多くは元気です。この人たちを使わない手はありません。

　僕自身は多分生涯現役です。仕事以上に面白いことがあればいいのですが、生きていて、仕事が一番楽しい。趣味であれば自分が楽しいだけですが、仕事は世のため人のためになります。

　仕事は正解が分からないゲームです。学校の勉強には必ず正解があり、しかも正解は一つです。これは僕には向いていません。正解があるかないか分からない、たとえあるとして、いくつの正解があるか見当もつかない——というものが仕事です。そういう意味でも、やはり仕事は面白いですね。

## 8. 30歳までに徹底的に基礎を身に付け、
## 　45歳までは徹底的に結果を求めると決めていた

　僕は、30歳ぐらいまでに徹底的に基礎を身に付けて、30歳から45歳までは徹底的に結果を求めて成果を出そうと決めていました。そうやって成果を出していれば、きっと誰かが自分を買いに来ます。
　伊藤忠商事時代の入社3年目の頃、中古船を販売する事業をして

いましたが、その中で詐欺まがいの商売に遭ったことがありました。カルビー時代の海外事業も、うまくいったものとうまくいかなかったものがあります。ビジネスとはそういうものです。大相撲で言えば、横綱の白鵬でも負けるんです。本当に強い時の白鵬でも、毎場所全勝していたかというと、そんなことはありません。

僕はいつも言うのですが、ビジネスの世界で一番優秀な人間の勝率は、いいところ「11勝4敗」です。それぐらいがビジネスマンとしては理想的です。11勝4敗を続ければ、間違いなく大関になれます。ただし横綱にはなれません。よほど天性の資質や運に恵まれないと15戦全勝ということはありません。

## 9. 人事は会社の中で一番難しく大事な仕事をしているが、十分に評価されていない

人事は会社の中で一番難しくて大事な仕事をしています。人事が間違えたら、絶対に会社はうまくいきません。ただし、そのわりには会社において十分に評価されていないと思います。

人事の仕事として、まず採用があります。採用を間違うと、話になりません。ところが、どんな人を採るのか、どのような人がよいのかをきちんと決めていない。なおかつ採用を若い人にやらせていては、人を見抜くための目利きなんてできるはずがありません。履歴書ばかりを見ていて、応募者の顔も見ない。いわゆる有名大学を卒業したからといって、仕事ができるかどうかは別の問題です。

優秀な人材を採ったら、徹底的に鍛えないといけない。教育制度をしっかりつくることも人事の仕事です。現場で活躍したら、それに報いる制度をつくる。優秀な人を辞めさせない。一方で、その会社で活躍できない人には辞めてもらわないといけない。このように、

人事とは極めて難しい仕事で、本当に優秀な人事は、それだけ評価
されなければいけません。

# 第 4 章

筆者が考える

生涯現役論

# 1 亡き父から思う生涯現役の重要性

　私は自分自身の生き方において、父の影響を非常に受けている。

　私の父、佐藤東助は、82歳の誕生日まで仕事をして89歳で亡くなった（「コラム2」参照）。生涯企業に雇われる立場として、82歳までいわゆるビジネスパーソンだったわけである。最後はビル管理の仕事だった。幸いにも、82歳の誕生日まで雇用していただいたことは、ある意味で恵まれていた。たまたまそのビルのテナント企業が父を応援してくれていたおかげもあったようだ。だからこそ、長く勤務できたのだと思う。

　父は退職する日まで毎朝早く起きて元気に仕事に向かった。仕事があることで1日が充実していたのだろう。生き生きと会社に向かう父の後ろ姿は、今でも鮮明に記憶に残っている。しかしながら、仕事を辞めてから、徐々に生活にうるおいがなくなってきたようで、89歳で亡くなる直前には認知症の初期症状が出ていた。仕事を辞めてからたった7年だったが、仕事を生きがいにしている父は、仕事がなくなり、社会とのつながりを絶たれたことですっかり気力をなくしてしまった。仕事を離れてから生きるハリをなくしていく様子と元気なときとの落差は、私に大きな衝撃を与えた。

　私は父を尊敬していたし、死ぬまで仕事に就いていたいという生涯現役に対する想いは、実は父の生きざまから影響を受けていると言っても過言ではない。

## コラム2 ≫ 父・佐藤東助の半生

　父は大正9年に東京都墨田区で生まれた。戦争を経験して軍隊（海軍）では海防艦に乗っていた。父は手先が器用だったので調理に携わっており、父の料理はかなり上手だったという記憶がある。むしろ母親（佐藤［旧姓間瀬］登喜恵）よりも上手だったかもしれない（残念ながら私には父のその手先の器用さは遺伝していない）。

　戦後帰国してからは、現在も映画で有名な"松竹"で映写技師をやっていた。手先の器用さを活かして、私が幼い頃には手製で木のギターや、池に浮かべるミニヨットの模型を作ってくれたりした。

　母と結婚してから、何度か転職した。映写技師の後は、高度成長期ということもあり何社か工場勤務を経て、最終的には82歳の誕生日まで15年にわたってビル管理の仕事に携わった。父の勤務していた時代は昭和が中心だが、平成も経験している。いわば昭和の高度成長期からバブル経済が崩壊する平成に至るまでビジネスパーソンとして父は長年にわたり仕事を継続してきた。

　父はとにかく仕事を休まない人で、80代になって仕事を離れてから初めて病院に入院したというほど健康で元気だった。ちなみに、タバコは亡くなる89歳まで吸っていて、そのことで肺を痛めたこともあったが、結果的に亡くなった原因は肺がんではなかった。

# 2 筆者自らの今までの生き方を振り返る

　私は大学卒業後、まず総合商社の日商岩井（現在の双日）に就職し、そこで営業と人事を3年ずつ経験した。その後、30歳のとき、転職をして、外資系証券会社のソロモン・ブラザーズ・アジア証券（現在のシティグループ証券）で人事の仕事に携わった。ソロモン・ブラザーズ・アジア証券での勤務は1年半と短かった。私は著書の中で、“石の上にも3年”ということで最低でも3年間は同じ会社に勤務するように強調しているが、そこでの勤務年数が1年半と短かったことは現在でも大いに反省している。

　その後、タイヤメーカーのブリヂストンに転職して海外の輸出業務および新規事業の立ち上げに携わり、約6年間在籍した。そして、37歳のときに人材ビジネスの世界に入った。東京エグゼクティブ・サーチという日本の老舗の人材サーチ会社に入り、39歳で取締役、40歳で常務取締役になり、約6年間勤務した後、43歳で起業して現在に至っている。

　私自身としては、まだバブル経済がはじける前の1990年に、当時としてはあまり一般的でなかった転職を初めて経験した。その後延べ3度の転職を経て、最終的に“佐藤人材・サーチ”という会社を起業した。自ら起業するという流れは、自分の父方および母方の両祖父が会社を経営していた影響を受けていたのかもしれない。

　私の母校である一橋大学を卒業した同窓の中で、企業合併などの紆余曲折はあったにせよ、新卒で入社した企業にいまでも勤務している同期世代は大多数を占めている。私のように何度か転職を経験

している者は少数派で、しかも自分で会社を立ち上げる者は、さらに少ない。

　今でこそ転職は一般的になったが、1990年当時は珍しかった。転職を経験し、かつ自分で会社を起こすというプロセスの中で、あえて会社を"佐藤商店"として小規模で経営している根底には、父からの影響で、いかに生涯現役を貫くかという考え方が背景にあったことは間違いない。

　会社というのは、基本的に年々成長・拡大させていく発想が重要だが、私は、生涯現役を貫くことを前提とするならば、自ら起業した会社は一定の成長を維持できれば、小規模で展開するのも構わないと考えている。小規模であっても無借金経営を貫いて、景気に左右されることなく、低空飛行でも継続していくことが、生涯現役にとって最も重要であると現時点では考えている。

　医者や弁護士あるいは公認会計士といった、いわば専門能力を持った士業が細く長く経営を継続している状況を見ても分かるように、"個人商店"のケースではどんどん会社を大きくして拡大していくことだけが一般的ではないのが実情だ。

　現在、私は弊社ホームページ（www.sato-jinzai.com）で自らを「町医者的ヘッドハンター」と例えている。読者の皆さんが、風邪をひいた際にお世話になる、自宅の近くにいるかかりつけの医者のように、規模は決して大きくないが、近所の皆さんに常に必要とされている存在を理想としている。そのような想いで、私は自らの会社を経営している。

　私は、53歳のとき、シンガポールで1年半ほど仕事をするという武者修行にチャレンジした。50代前半が新しいことにチャレンジするにはラストチャンスと考え、順調だった会社を休眠状態にし

た上での挑戦だった。当時周囲には無謀であると反対する人が多かったが、シンガポールから帰国して約1年後に会社を復活させて現在に至っている。海外出張を何度繰り返しても、実際に海外赴任して現地で仕事をすることにはかなわない。まったく経験値が異なる。遅ればせではあったものの、50代のシンガポールでの海外赴任経験は今でも間違いなく自分のキャリアの糧となっている。

　世の中にはさまざまな「生き方」があるが、私は大学卒業後に、まずは一般的である就職を経験し、次に転職、さらに起業して、最後に海外赴任というキャリアの幅を広げる4要素を経験した。その意味で、僭越ではあるが、私自身はある意味、人生のキャリアを"先取り"してきたのではないかと考えている。

　基本的に、私の信条として、自らの実体験を通じて自分の生き方を模索するのが重要であると考えている。すなわち、ヘッドハンターとして自らの実体験なくして、人の生き方は語れまいというのが根底にある。自らの経験値がない中で人の生き方を語ることは単なる"評論家"であり"コメンテーター"にすぎないからである。

　現在、私は本業のヘッドハンターのほかに、山梨学院大学で客員教授として学生に"実践キャリア論"というゼミナール形式の授業を週1回、1年を通じて行っている。その授業においても上記の4要素（就職、転職、起業、海外赴任）を、自らの実体験をベースに語ることこそが、単なる評論ではなく、学生に理解と共感を促す上で最適であると実感している。

　この4要素の延長線上に、亡き父から影響を受けた「生涯現役」がある。この生涯現役にいかに立ち向かっていくかが、私に課せられた現在進行形の課題である。

# 3 生涯現役を目指した 4要素におけるキャリア変革

　前述した就職、転職、起業、海外赴任という4要素について、私の実体験をキャリア変革の視点から客観的に検証してみたい。

## ［1］就職

　就職は新卒で一般的に経験することであるから、あまりキャリア変革の視点から語ることはない。なぜ総合商社の日商岩井（現・双日）を選択したかといえば、グローバルな仕事に憧れていたからだ。世界規模でダイナミックな仕事ができるという醍醐味から日商岩井を選んだ。

## ［2］転職

　1990年にまだ一般的ではなかった転職を初めて経験した。当時から企業では新卒一括採用が中心で、中途採用は特別な場合にしか実施していなかったが、これからは中途採用も一般的になっていくだろうという確信が、私にはあった。

　私は日商岩井の人事で新卒採用に3年携わってから、穀物部の営業に異動したが、そのタイミングで、ちょうど会社が中途採用を開始した。「B-ing」（リクルート）や「DODA」（当時の学生援護会）といった転職雑誌が創刊され、TVコマーシャルの効果もあって、転職そのものが加速していった時期だった。そうした流れの中で、当時の日商岩井も若干名ながら中途採用を始めたわけである。

　そのころの私は、転職で外部から新しい人が入ってくるのであれば、外に出て行く人がいてもおかしくないと考えていた。今では一般的になった転職だが、自分にとっては時代を先取りした思い切っ

たチャレンジだったといえる。

　初めての転職先である外資系証券を経験した後に、メーカーを経て、日本では老舗の人材紹介（人材サーチ）会社に転職した。

## ［3］起業

　会社を経営していた母方の祖父の影響から、小さくても自分で会社を起こすことに、幼少期のころから違和感はなかった。30代後半から、どんなに小規模でも自ら会社を起こすことが大切だと具体的に考えるようになって、43歳で自らの経験を活かし、人材紹介（ヘッドハンティング）の会社を起業した。前述したように、規模を拡大していくよりも、町医者的に小規模ながらも継続していくことに重点を置いているため、あえて会社の名前に名字を付けている。いうなれば、"佐藤商店"というコンセプトで経営している。今後も生涯現役に向けて、小規模でありながら、細く長く事業を継続していきたいというのが、私自身の揺るぎない想いである。

## ［4］海外赴任

　グローバル化の時代にあっては、海外に住んで現地で仕事をする、現地の大学で勉強して学位（例えば大学院やMBA等）を取得することは大変意義のあることだ。私自身は53歳で初めて海外（シンガポール）で仕事をする機会を得たが、特に感受性が豊かで適応能力が高い20～30代の若い時期に海外で勉強したり、仕事をしたりすることは、自らの視野や考え方、国際感覚を高める上で非常に貴重な経験である。

　かつて私は企業勤務時代に、アメリカ、ヨーロッパ、アジアのみならず、中近東、アフリカのさまざまな国々に出張した。アフリカでは、南アフリカを筆頭にナイジェリア（ラゴス）、ガーナ（アクラ）に行った。また、中近東のバーレーンやカタールのドーハでは、気

温が昼間で42～43度もあったことが思い出される。

　私自身は、いくら海外出張で仕事をしたとしても、実際に海外に住んで仕事をすることにはかなわないと認識していて、遅ればせながら50代で海外（シンガポール）で仕事をすることにチャレンジした。

　シンガポールには約1年半滞在した。最初の約半年間は単身赴任でシンガポール人夫婦がオーナーをしているシェアハウスに住んだ。そこでのさまざまな人たちとの交流が大変よい経験となった。残りの期間は家族を呼んで一緒に生活した。50代前半での初めての海外生活とあって、当初はいろいろ不安があった。しかしながら、実際に住んでみると治安は良く、日本人にとって大変住みやすい環境だった。やはり実際に住んでみないと見えてこない、分からない要素も多々あった。シェアハウス時代はシャワーしかなかったので、しばらく浴槽に入れなかったことも今では良い思い出である。

　海外での初めての仕事で精神的なストレスもあり、3カ月が経過したころに、私にとってはめったにない経験だが、急に発熱して3日ほど寝込んだことがあった。日本ではまったく寝込んだことはなく、頑健が取り柄だったが、やはり環境が変わると、自分でも気がつかないうちにストレスをためこんでしまうものだと実感させられた。

# 4 筆者の考える80歳現役目標到達計画

　ここで、私が生涯現役に向けて、どのような計画を立てているのかを紹介する。

　私は、80歳まで生きられるのであれば、それまで仕事を継続したいと考えている。父は82歳の誕生日まで仕事をしていたが、私は80歳を目標に据えている。もしも80歳以降も生きながらえることができるのであれば、ずっと仕事を継続していたい。

　私は2020年3月で60歳を迎えるが、80歳までの年月の捉え方として、誕生日を基準に現在からおおよそ5年単位で期間を区切っていく。

## ［1］61〜65歳

　ビジネスパーソンの多くは通常60歳が定年だが、私の場合、自営業なので60歳定年という感覚はない。自分自身を基準にして、まずは「61〜65歳まで」を最初の期間と設定する。

　この期間は、現在の本業の仕事を継続しながら、一方で客員教授として山梨学院大学での授業も継続していきたい。この期間に本の出版も20冊に到達したいと考えている。また、本業である人材紹介（人材サーチ）も私自身がプレーヤーとして65歳まで現役ヘッドハンターであり続けたいと考えている。要は、65歳までは現在のペースを落とさず全力疾走していきたい。

## ［2］66〜70歳

　次の5年間となる「66〜70歳」の期間は、本業である人材紹介で現役ヘッドハンターとして自ら活動しながらも、徐々に後輩の育

成に時間を割いていきたい。むしろ、この時期は大学での授業に力を入れて授業回数も現在の週1回から週2～3回程度に増やしていければと考えている。さらに、機会があれば新たに1～2冊出版できればと考えている。

## ［3］71～75歳

次の5年間となる「71～75歳」も、自分自身が現役ヘッドハンターとして活動することは継続しながらでも、むしろ後輩育成により力点を置いていきたい。

また、70歳を超えると大学での授業は持てないかもしれないが、大学のために間接的にでも関わり貢献していきたいと考えている。また、この期間にご縁があれば本をさらに1冊出版できればと考えている。

## ［4］76～80歳

最後に「76～80歳」の期間は、いわば本業の集大成として、後輩の育成のみに専念したい。前の「71～75歳」の期間では自分がいまだ現役ヘッドハンターとして多少なりともプレーヤーの要素を残しているものの、76歳を超えたら完全に後輩の育成に舵を切って、育成カリキュラムを完成させることに注力したい。そして76歳を過ぎると、さすがに大学との関係は希薄になるだろうが、何らかの形で大学との接点は継続していきたいと考えている。

ちなみに私は、これまで18冊の本を出版しているが（18冊目は電子書籍のみ）、過去に自ら資金を投じた自費出版の類いは1冊もない。出版社と正式に出版契約を結んで印税をいただく形式で出版を継続してきた。私にとって、出版とは自分自身の知見を社会に還元するための活動だと捉えている。この基本方針は変えることなく今後も出版の機会があれば邁進する所存である。

## ［5］ビジネスパーソンの実践方法

　現在企業に勤務する40〜50代のビジネスパーソンであれば、今後に向けた期間の区切り方として、60歳までは40代、50代と10年単位で期間を設定する。その後は61〜65歳、66〜70歳、71〜75歳、76〜80歳といった具合に5年単位で区切っていく。仮に現在勤務する企業が定年延長して65歳まで在籍できるとしても、上記の期間設定は変えない。その理由は、組織に依存するという感覚を払拭（ふっしょく）するためである。定年年齢が60歳から65歳になったとしても、長らく慣れ親しんだ60歳定年の意識から転換するのは容易なことではない。40代、50〜65歳といった設定では長すぎるし、焦点がボケてしまうためだ。

　最初の一歩として、こうした期間設定（区切り）の認識を持つことが大事で、生涯現役に向けた目標の設定がしやすくなり、かつ80歳までのイメージも具体化しやすくなる。

---

### コラム3 ≫ 2040年の未来予想図──筆者が80歳の１日

　第2章・2において情報技術等の進歩により、これからの働き方は大きく変わり、それは生涯現役の実現を後押しするものになることを述べたが、ここでは20年後の2040年に筆者が80歳になった時の１日を予測してみた。

#### 〈2040年の佐藤文男のある１日〉

　今日は朝早くに起床して、朝7時から既に仕事に取り掛かっている。とてもすがすがしい気分である。これが基本的な仕事のスタイルだ。自分で会社を経営しているので時間的な融通は利く。オフィスには週に2〜3日ほど出向き、ほかの日は従業員に任せている。

ICT（Information and Communication Technology：情報通信技術）の発達により、携帯端末だけでどこにいても仕事ができる時代になっている。無理して会社に行く必要はないが、スタッフと直接顔を合わせてコミュニケーションをとることは大切なので、私は週に最低2日はオフィスに顔を出すようにしている。

テレワークの導入も一般的となり、オフィスに行く日が週2〜3日という人もかなり増えてきた。通勤の分散化も進んだことで電車も混み合うことは少ない。朝夕の通勤時間帯に大量の乗降客で混雑する"通勤ラッシュ"を経験した私としては隔世の感がある。通勤ラッシュがなくなり、好きな時間にオフィスに出勤して、好きな時間に帰宅するのは、いまや当たり前になった。人によっては朝早くオフィスに出勤して午後早めに退社する。あるいは午後にオフィスに出勤して夜遅くまで仕事をするという人もいる。こうしたワークスタイルの変化によって、特に若い世代を中心として、1日の中で仕事と自分の趣味ややりたいことの共存が容易になった点は大きい。かつては、仕事とプライベートは平日と週末で分けるのが一般的だったが、今では1日の中で仕事とプライベートが両立できる生活を送れるようになっている。さらに、通勤ラッシュがなくなったことで通勤時にかかるストレスが軽減され、心身ともに健康になった。1日の時間を仕事以外に、友人とのスポーツ（ランニング、スキーやゴルフなど）やジムでのトレーニングに加えてボランティア活動にも割くことができて、24時間を自分の裁量で自由かつ充実した内容で過ごしている。

また、かつては"ペーパーレス"という言葉がはやっていたが、今では書類をプリントアウトすることは基本的になくなった。これまでお世話になったコピー機を使用することは極めてまれな時代に

なった。携帯端末とパソコンがあれば、資料を共有し、ネット上で閲覧、共同作業することも容易だ。

　私の友人の半数以上は私と同じように会社を経営しており、80歳を超えても現役で仕事を続けている。職業や仕事のスタイルはそれぞれ異なるが、週に3〜5日程度はオフィスに顔を出しているようだ。

　そして友人たちは、東京ではなく地方や海外に拠点を移して仕事をしている人も多い。かつて過疎地といわれた地方に移住して、農業に従事して野菜や米を育てて自給自足の生活を楽しみながら、その合間の時間で仕事をするケースも増えている。地方にいても情報格差や仕事上の支障が解消できるようになった点は大きく、地方再生という意味でも魅力的な時代になった。

　1日の中で仕事とプライベートが共存できるようになったことで、都心から地方に移住して人生を謳歌する70〜80代が増えてきている。いまや「生涯現役」が一般的になったといっても過言ではない。

# 5 筆者が考える生涯現役を実現するための必須要件

　私は、生涯現役を実現するための必須要件として、下記の5点が重要であると考えている。以下、順に見ていこう。

> ①健康（運動、食生活、心の健康）
> ②人との接点
> ③趣味
> ④蓄え
> ⑤家族（パートナー）

## ［1］健康

　第一に挙げられるのは「健康」である。健康には食事および運動が必須といえる。定期的（年1回）に健康診断を受診して、身体の状態をチェックするとともに、普段から適度な運動を心掛けるのは大変重要になる。

### （1）運動

　基本的に週に1〜2回程度は運動する習慣を身に付けておく。運動のスタイルは、ジムに行く、週末にゴルフやランニング、自転車に乗るなど人によってさまざまだが、頻度や運動メニューよりも継続していくことのほうが大切である。運動すると気分転換になり、心のイライラやモヤモヤしたこと、仕事の悩みなどもすっきりする。ランニング（ジョギング）や水泳だけでなく、テニスや卓球などの球技もお勧めである。しかしながら、集団スポーツの野球、ラグビー

あるいはサッカー（フットサル）などは、仲間が集まらないとできないスポーツなので、年齢を経ていくと、過度の負荷がなく1人ですぐに楽しめるスポーツが適している。それにはスポーツジムに通うのが最適だろう。1人でできる運動（例えばランニングや水泳）は長続きしやすい。要は自分に合った運動スタイルを見つけて、40〜50代から実践して、かつ継続していく。

　ちなみに、最近、私はパーソナルトレーニングで、トレーナーにプログラムを組んでもらい、週1回・30分程度の筋力トレーニングを指導してもらっている。トレーナーと一緒に運動することは、ある意味で継続するための手段でもある。週1回の運動を習慣づけるためには、こうしたパーソナルトレーニングも一つの選択肢だろう。

（2）食生活

　健康のためには、運動のみならず食事にも気を配る必要がある。真の健康なくして生涯現役は語れない。

　食事に関しては、健康面を配慮して食べるメニューや量を考えながら摂取する必要がある。20〜30代には暴飲暴食をした人も多いかもしれないが、40代以降は若いころに比べて基礎代謝が落ちるため、若いときと同じ生活スタイルをしていてはおのずと太ってしまう。年1回は健康診断（人間ドック）を必ず受診して健康チェックをすると同時に普段の食生活を見直そう。

　食生活を見直すに当たって、これからは男性もコンビニエンスストアの冷凍食品・チルド食品に頼らず、簡単な料理は自ら作れるようになることが望ましい。自ら食材を選び、調理することで健康管理を意識するようになり、運動とセットで健康増進に弾みがつく。自分で料理が作れるということは、自助＝自立という意味でも、男

女問わず生涯現役に向けた必須要件といえるだろう。

　体重が増えて肥満となれば、糖尿病、高血圧、脂質異常症などの生活習慣病を招きやすくなり、それを放置していれば、心筋梗塞や脳卒中などの重大な病気の原因にもなる。日頃から体重を測り、肥満度を把握することが、健康管理の第一歩といえる。

　自分の体重が適正かどうかを確認する意味で、肥満度を示す体格指数（BMI：Body Mass Index）をチェックする［図表4－1］。BMIが標準値よりオーバーしていれば、体重を落とす必要がある。体重を落とす際には、運動をして体重を落とす方法だけでなく、食

[図表4－1]　肥満度を把握してみよう

| ①適正体重を知る | 身長を使って計算する<br>　式：身長(m)×身長(m)×22＝適正体重<br>　例：身長が1m60cm(1.6m)の人であれば、適正体重は56.32kg<br>　*1.6(m)×1.6(m)×22＝56.32(kg)* |
|---|---|
| ②BMI（体格指数）で判断する | 体重と身長を使って計算する<br>　式：体重(kg)÷(身長(m)×身長(m))＝BMI(体格指数)<br>　例：身長が1m60cm、体重が64.0kgの人であれば、BMIは25.0<br>　*64.0(kg)÷(1.6(m)×1.6(m))＝25.0*<br>計算で出たBMIを下記の表に当てはめる<br><br>肥満度の判定基準（日本肥満学会）<br><br><table><tr><td>BMI(数値の範囲)</td><td>(肥満度)判定</td></tr><tr><td>18.5未満</td><td>低体重</td></tr><tr><td>18.5〜25.0未満</td><td>普通体重</td></tr><tr><td>25.0〜30.0未満</td><td>肥満1度</td></tr><tr><td>30.0〜35.0未満</td><td>肥満2度</td></tr><tr><td>35.0〜40.0未満</td><td>肥満3度</td></tr><tr><td>40.0以上</td><td>肥満4度</td></tr></table><br>身長が1m60cm、体重が64.0kgの人は、肥満1度に該当 |

生活の見直しも避けて通れない。

　食生活を見直すためのアイデアとして、男性は自ら料理すること
をお勧めする。自ら料理することで、メニューごとのカロリーを意
識するようになる。料理から入ると食生活の質や量そのものに目が
向きやすくなるわけだ。特に血糖値が高い人は糖分を減らすとか、
血圧が高い人は塩分を減らすことへの意識がより高まる。最近は健
康診断（人間ドック）の結果で問題があった場合には、生活習慣病
予防の観点から食生活改善のアドバイスを受けられるようになって
いる。そのアドバイスに従って食生活を見直すことが健康状態を改
善する早道になるだろう。

　生涯現役を実現するには、継続できる週1〜2回の運動と食生活
の見直しが不可欠であり、この二つの要素を40〜50代から意識し
て実践していくと、60〜70代になっても健康を維持でき、大きな
病気にかからない可能性が高まる。

（3）心の健康

　最後に触れておきたいのは、いわゆる心の健康である。以前、グー
グルに代表される外資系企業が、仕事中に“マインドフルネス”と
いう瞑想を取り入れて話題になった。

　週1〜2回の運動習慣と食生活の見直しに加え、心の健康のケア
という視点から、リラクゼーションの時間を1週間の中で自分なり
にどう取り入れるかということも重要になってくる。もちろん、毎
日就寝前に好きな音楽を聴いて、リラックスして良い気分になって
から寝るというのも手軽にできるリラクゼーションの一つである。
心のケアという意味で、マインドフルネスのエクササイズを生活の
中に取り入れていくのも一法だろう。最近では、一般のスポーツジ
ムでも、ダンスやエアロビクス、筋力トレーニングというメニュー

以外に、ヨガや気功といったプログラムを積極的に取り入れるようになってきている。

　実は、私自身も現在93歳になる西野流呼吸法の創始者・西野皓三氏が主宰する教室に通って、由美かおるさんをはじめとする西野先生の門下指導員から直接「気」を交流するエクササイズを実践している。

## ［2］人との接点

　第二は、人との接点をいかに構築・維持するかである。40〜50代から周囲に友人や知人をつくっておき、60〜70代になっても付き合えるネットワークを構築しておくことが重要である。

　人との接点がないと社会から隔絶してしまう懸念がある。ビジネスパーソンは、仕事を辞めて会社に行かない生活となり、家にいたままでは必然的に社会との接点がなくなる。そのためにも、40〜50代のうちから生涯を通じて付き合える仲間や地域とのネットワークの構築・維持に努めておくことが大切になる。人との接点を保持するためにも普段から人と会うことを心掛け、そうした絆を大切にしていくことである。

　40〜50代のビジネスパーソンであれば、それなりに人的ネットワークを持っているだろう。FaceBookなどSNSの発達によって人的ネットワークの構築・維持も便利になってきているが、本当に価値のある人的ネットワークは、実際に人と会って触れ合うことで築かれ、深めていくことができる。特にこれからは、若い世代と積極的に交流することを心掛けることも意味がある。若い世代との交流を通じて、逆に学ばされることや発見も多い。私は現在、山梨学院大学で授業を行っているが、20歳前後の学生と授業を通じて交流することで、彼らから大いに刺激をもらっている。また、学生に対

して授業をする際には、ビジネスパーソンではない、彼らにも分かるように話の内容や伝え方を工夫するようになり、自分で気づかなかった点を発見できるとともに勉強にもなる。

40～50代から若い世代と交流することを意識づけていき、違和感なく付き合えるようにしておくことは、生涯現役の実現に向けて、とても大切なことである。

## ［3］趣味

第3は、趣味である。生涯を通じて楽しめる趣味を40～50代で確立しておくことは、とても意義がある。趣味は人生を楽しく、豊かにする上で欠かせない糧であり、うるおいをもたらす。前述したスポーツにも関係するが、何人かで集まって成り立つ趣味を通じて人との接点が増えていくというメリットもある。一方で、1人で楽しめる趣味も大切である。例えば、料理、映画鑑賞、旅行は年齢に関係なく1人でできて、かつ楽しめる。そうした趣味を40～50代から持っておく必要がある。

私の場合は読書のほか、神社巡りが趣味で、年1回は伊勢神宮に参拝している。また、時代劇が好きなので時代劇の観賞も楽しみの一つである。さらにスキューバダイビングは生涯続けていきたいスポーツで、機会があれば伊豆や沖縄の海に潜りたいと考えている。ランニングもずっと続けており、タイムは別として1年に1回はフルマラソンに参加している。70代でもフルマラソンを走れる体力を維持することが目標である。

## ［4］蓄え

第4は、蓄えである。生涯現役に向けて資金的に余裕をもっておくことが必要だ。そのため遅くとも40代のうちから80歳までの資産計画を立てておくことが肝要である。例えば、住宅ローンを借り

ていたら60 〜 65歳ごろまでには完済するようにして、それ以降は、なるべく借金がないようにしておく。

　借金がないというのは精神的にも安定する。住宅ローンを含めて金融機関からの借金はなるべく早く返済することが、生涯現役に向けて余裕を持って邁進するための鍵を握る。逆を言えば、ローンを長く持ち続けていると、ローンのために働くといった状況になりかねないため、生涯現役を実現する上で負担になる可能性が高い。

## ［5］家族（パートナー）

　第5は、家族（パートナー）である。生涯現役のためには、精神面においても家族の存在は非常に大切である。

　現在は家族の在り方も変容してきており、生涯現役を考えた場合には、結婚していなくても、何でも悩みを打ち明けられるパートナーや親友がいることは重要である。特に40 〜 50代の独身の人は、自分に何かあったときに支えてくれる存在を持つように心掛けたい。人は1人では生きていけないものなので、前記［2］の人との接点よりも濃密な人間関係で精神的な安定をもたらす家族やパートナーの存在を大切にしたい。

# 第 5 章

[人物評伝]

偉大なる生涯現役の

先駆者に学ぶ

# 1 生涯現役の先駆者

　本章では、第二次世界大戦（太平洋戦争）の前後にかけてさまざまなキャリアを積んで、80歳を超えるまで生涯現役を貫いた、私が尊敬する人生の大先輩３人の生きざまを紹介する（敬称は略す）。

①哲人　中村天風

②東京ディズニーランドの創業者　高橋政知

③ホテルニューオータニの創業者　大谷米太郎

　ここで紹介する３人は生涯現役を考える上で、"生き方"のヒント、人生の選択肢のさまざまな可能性について、我々に有益な示唆を与えてくれる。

　とかく戦後を代表する著名な経営者といえば、本田技研工業を創業した本田宗一郎、ソニーを創業した盛田昭夫、パナソニック（旧松下電器産業）を創業した松下幸之助が代表格として挙がるが、私なりの価値観や視点から３人を選択した。いずれの方も人生を常に前向きに捉えて、邁進され、この世を去られた後も我々の身近なところで今でも社会に貢献されているが、いわば豪気で豪放磊落な生き方を全うされた方々であると言っても過言ではないだろう。

# 2　3人の概略

まずは3人の概略を紹介する。

## ①哲人　中村天風

　若いころ、当時死の病といわれた肺結核を患いながらインドの山奥でヨガの修行により病を克服して、帰国してから92歳で亡くなるまで人々の指導を継続し、生涯現役を全うした人物である。天風哲学の教えを広め始めてから2019年で100周年を迎えた。中村天風の教えは、松下幸之助や稲盛和夫といった多くの著名な経営者に影響を与えている。

## ②東京ディズニーランドの創業者　高橋政知

　この人がいなければ東京ディズニーランドは存在しなかったであろうと思われる人物である。日本にディズニーランドを持ってくるまでに幾多の困難を乗り越えて、現在の東京ディズニーランドを完成に導いた。

　ちなみに私は、東京ディズニーランドのオープン当時の数カ月間、オープニングスタッフとしてアルバイトをした経験がある。1983年4月15日の開園当日は平日の上に、あいにくの雨とあって、入場者数は当初の予想を下回ったという。開園初年の1983年の入場者数は993万3000人だったが、直近の2018年は東京ディズニーリゾート全体で3255万8000人と3.2倍に増えている。その後の発展ぶりを考えると、東京ディズニーランドの歴史は、まさに"雨降って地固まる"にふさわしいものといえるだろう。

### ③ホテルニューオータニの創業者　大谷米太郎

　2020年に東京オリンピックが開催されるが、前回の東京オリンピックが開催された1964年にホテルニューオータニは開業した。大谷氏の名字を冠したホテルニューオータニは、東京・紀尾井町で2度目の東京オリンピックを迎える。若い頃は農業に従事していて、その後、相撲界に転じた。力士を廃業後にビジネスの世界で会社を起こして、戦前は「鉄鋼王」とまで呼ばれた。そして晩年の83歳のときにホテル事業に乗り出した。まさに立身出世の典型例といえるだろう。

# 1. 哲人　中村天風

　中村天風は1876年に現在の東京都北区王
子に生まれ、1968年に92歳の天寿を全うす
るまで、自身の創見した「心身統一法」によっ
て政財界から、芸術・スポーツ界、一般の方々
にまで、多くの人々に薫陶を与えた。

写真提供：公益財団法人天風会

　天風の父は九州の旧柳川藩士であり、明治
維新後は明治政府に仕官して、大蔵省紙幣寮
の抄紙局長として勤務していた。天風はその三男として生まれた。

　天風のもともとの名前は、三郎という。幼い頃から武道をたしな
み、剣道、柔道、空手に励んだ。ただ、負けず嫌いで気性が荒く、
喧嘩が絶えなかったため、福岡の知人に預けられるが、福岡の名門・
修猷館を退学になってしまい、当時の有名な政治活動家で「玄洋社」
を率いる頭山 満に預けられた。

　頭山は明治中期の政治活動家で、その頭山の薫陶を受けた三郎は、
頭山の勧めにより諜報活動の手ほどきを受け、日露戦争の際には満
州に渡って軍事探偵として活躍する。当時、三郎は28歳だった。

　三郎は、九州・柳川藩に伝わる抜刀術「随変流」の名手であり、
特に「天つ風」という体を回転させながら刀を抜く高度な型を得意
としていたので、頭山に「これからは、天風と名乗れ」と言わしめ
た。

　三郎は軍事探偵として活躍したが、あるとき敵に捕まって銃殺さ
れそうになる経験もしている。いよいよ銃殺というときに、仲間に
助けられて九死に一生を得た。日露戦争に備えて日本軍の参謀本部

が派遣した軍事探偵は113人いたが、三郎を含めて大連まで戻って
こられたのはたった9人しかいなかった。それぐらい過酷で命がけ
の任務だったわけである。

　満州から帰国後、30歳のとき、三郎は肺結核に冒されてしまう。
当時、肺結核は「死病」とされ、有効な治療薬がなかった。また、
自ら医学を学ぶにつれて心も弱くなっていった。病により弱くなっ
た心を、以前のような強い心に立て直したいと考えた三郎は、彼が
感動した本『How to get what you want（如何にして希望を達す
可きか)』の著者、オリソン・スウェット・マーデンをニューヨー
クに訪ねようと病の身をおしてアメリカに渡る。しかし、マーデン
に会っても的確な回答は得られなかった。

　その後、三郎はコロンビア大学の聴講生として医学を学んだが、
医学の知識が増えるほど、病の怖さを知り、自らは何ら手を打つこ
とができないことに気づき、心の平和を得られる哲学を求めてイギ
リスに渡る。ロンドンではH・アデントン・ブリュース博士の主宰
する神経療法の講習会に出席するが、「病を治す秘訣は病を忘れる
ことである」という回答に得るものはなかった。

　その後、友人の紹介でフランスに渡り、世界的に有名な女優のサ
ラ・ベルナールに会い、彼女の家に寄宿してヨーロッパのさまざま
な思想・文化に触れる。彼女から、有名な哲学者であるイマヌエル・
カントの次のようなエピソードを聞いた。

　カントは生まれつき背中が曲がる障害を持っていたが、あるとき
医師は彼を次のように諭した。
「気の毒だけれど、しかし苦しいのは身体だけのことだ、あなたの
心はどうもないだろう。苦しいと言えば親は心配する。同じその口
で心の丈夫なこと、死なずに生きていることを喜び、感謝の言葉を

言ったらどうだね。そうすれば苦しい、辛いも大分軽くなる」

　カント少年を大哲学者にならしめた医師のこの言葉は、三郎に大きな影響を与えた。

　さらに、サラ・ベルナールの紹介でドイツの著名な哲学者のハンス・ドリーシュを訪ねて、「弱くなった心をもう一度強くするためには、どうすればよいのでしょう」と質問したが、納得のいく回答は得られなかった。三郎は絶望を感じ、「日本に帰国して死を迎えよう」と覚悟を決める。

　マルセイユ港から帰国の途につく中、スエズ運河で軍艦が座礁したため、エジプトのアレクサンドリア港で足止めを食らった。三郎は誘われてピラミッドを見に行き、カイロの宿で大喀血（かっけつ）をして休んでいたとき、たまたま食堂で出会ったのが、ヨガの聖者であるカリアッパ師だった。カリアッパ師に「お前はまだ死ぬ運命ではない。私に付いて来なさい」と言われ、付いていくことを即断する。当時、三郎は35歳だった。

　それから船旅を経て、ヒマラヤ第三の高峰であるカンチェンジュンガの麓に行き、ヨガ哲学の指導を受ける。3年近くに及ぶヨガの修行により、いつしか肺結核は治り、心身の健康が回復する。

　ヨガ修行を終えて心身の健康を取り戻した三郎は、帰国の途中で上海に寄って、孫文を助けて第二辛亥革命に参加し、その後日本に帰国した。

　帰国後は実業界に転身し、東京実業貯蔵銀行（1936年に東京貯蔵銀行・川崎貯蓄銀行・川崎第百銀行と合併し第百銀行となり、1943年に三菱銀行と合併）の頭取を務め、さらに製粉・電力・銀行といった複数の企業経営に参画した。

　そうして次々と事業を成功に導いたが、ある日インドでのヨガ修

行について神経衰弱を病む知人に話をしたことがきっかけで、自宅に人々が集まり講習会が開かれるようになった。そして、次第に「実業家としての成功より、インドで悟ったことを人々に伝え、喜んでもらうほうがいい」と思うようになり、自分の体験を基に人々に「生きる道」を説くことを決意し、かつて頭山から与えられた「天風」を名乗るようになった。

　天風は、インドでのヨガ修行を基に、日本人が日常生活の中で実践できるように組み立てた「心身統一法」の研究に没頭し、1919年、43歳のときに、財産や社会的地位をすべて投げ打って「統一哲医学会」を創設し、上野公園精養軒前の石の上で辻説法を始めた。天風の教えは、その後、東郷平八郎、原敬、後藤新平、山本五十六、松下幸之助、稲盛和夫といった政財界をはじめとする有力者のみならず、宇野千代、大仏次郎、北村西望、広岡達朗など、今日に至るまで多くの著名人の支持を受けて、「天風哲学」として広く世間に認められるようになった。

　天風が上野公園精養軒前の石の上で辻説法を始めてから2019年でちょうど100年を迎えた。1940年に「統一哲医学会」は「天風会」と名称を改め、1962年には国より公益性が認められ、「財団法人天風会」となり、2011年には内閣府認定の「公益財団法人天風会」に改称した。天風の活動は全国的に展開、継続されている。天風は生涯を通じて「心身統一法」という人生道を広めていったが、それは天風がインドで修行したヨガが基礎になっている。

　最後に、心身統一法の説明に用いられるエピソードがあるので紹介する。

　ヨガの修行を終えた天風が日本に帰国後しばらくして、「いわき炭鉱」における千数百人の労働者が賃上げを要求して立てこもった

炭鉱争議の調整役を命じられたことがあった。炭鉱の労働者は鉄砲を持って深い谷川の向こうに立てこもり、近づいたら誰にでも発砲する勢いだった。危険だからと警察が止める中、天風は労働者が陣取る対岸に向かって吊り橋を渡っていった。パンパンと鉄砲の弾が飛んでくる中で、天風は労働者の気の毒な状態を救いたいという一心から平然と吊り橋を渡っていき、暴動を鎮めた。吊り橋を渡りきったとき、外套（コート）に五つ、ズボンに二つの弾の穴が残っていたが、天風にはまったく当たっていなかったという。

　天風は1968年に92歳で天寿を全うしたが、最後まで「天風会」の指導に当たっていた。

【参考資料】
・中村天風財団編『図説中村天風』（海鳥社・2005年1月）
・南方哲也編著、財団法人天風会監修『天風入門　中村天風の教えで幸福になる！』（講談社・2009年10月）

## 2. 東京ディズニーランドの創業者　高橋政知

　<ruby>高橋政知<rt>たかはしまさとも</rt></ruby>は 1913 年に福島県で生まれ、
2000 年に 86 歳で亡くなった。旧姓は太田と
いう。父は福島県知事、警視総監、台湾総督
などを務めた内務官僚だった。

　旧制山形高校を経て、東京帝国大学法学部
に進学して 1939 年に大学を卒業した後、理
研コンツェルンの創始者である大河内正敏が
経営する理研重工業に入社した。

写真提供：東洋経済／アフロ

　戦争の影が忍び寄る 1940 年に富士製紙専務の高橋貞三郎の娘の
弘子と結婚し、婿養子として高橋家に入り、高橋姓を名乗る。その
後、高橋夫妻は上海に赴任したが、上海で召集令状を受け取って、
高橋は戦地であるラバウルに向かうことになる。その際に、一緒に
出発した輸送船 3 隻のうち、無傷でラバウルに到着した船は彼が
乗った「平安丸」1 隻だけで、残りの 2 隻はアメリカ軍から攻撃を
受けて沈没してしまった。戦後はオーストラリア軍の捕虜となり、
その後日本に復員した。

　帰国後は終戦後の就職難の中、日本石油（現・JXTG ホールディ
ングス）の特約店である富士石油販売に役員として招かれ、そこで
幅広い人脈を築く。彼はそこで、当時三井不動産で取締役業務部長
を務めていた江戸英雄（後の三井不動産の会長）と出会う。この江
戸との出会いが高橋の人生を大きく変えることになる。

　オリエンタルランドが設立されたのは 1960 年 7 月。千葉県浦安
沖の海を埋め立て、商業地・住宅地の開発および大規模レジャー施

　設の建設を行うことを目的として、京成電鉄、三井不動産、朝日土地興業（船橋ヘルスセンターの運営会社で、後に三井不動産に吸収合併）の3社による出資で設立された。

　東京ディズニーランドの建設は千葉県浦安沖の埋め立てによる用地確保が前提で、そのためには気の荒い漁民たちに漁業権を放棄してもらわなければならなかった。江戸は、高橋の酒の強さに目を付け、漁民相手の補償交渉役にうってつけと考え、高橋に白羽の矢を立てた。そして、高橋は江戸から「君は酒が強い。川﨑千春という人物がいるから会ってほしい」と声を掛けられる。

　当時、オリエンタルランドの社長を務めていたのは、京成電鉄の社長であった川﨑千春である。1958年に京成電鉄の専務だった川﨑が、谷津遊園の拡張で新設するバラ園のためアメリカにバラを買い付けに行った際、開業間もないディズニーランドを見て感銘を受け、日本にディズニーランドを誘致するという途方もない夢を持ち、親交の深かった江戸に声を掛けて、浦安沖の土地を開発・活用するための会社としてオリエンタルランドを設立したという経緯がある。

　高橋は、江戸の紹介で川﨑と会い、その場でオリエンタルランドへの入社が決まった。

　1961年に高橋が専務として入社した頃のオリエンタルランドは、京成電鉄本社3階の片隅に三つほど机が置いてあるだけのベンチャー企業だった。社員はわずか3人で実働部隊は高橋1人だった。高橋の仕事は、用地確保のための漁民との漁業補償交渉だった。漁民を説得しなければ土地は手に入らない。一方で、漁民にとっては漁業権の放棄は廃業を意味する。しかも漁業組合は二つに分裂しており、交渉は難航が予想されていた。

　高橋は、漁民を料亭に招いての連夜の宴席と、漁民の家に酒瓶を

抱えて夜討ち朝駆けする体当たりの説得によって、わずか半年足らずで交渉をまとめ上げた。1962年3月には、漁民1戸当たり50万円と埋め立て地100坪を補償するという内容で、二つの漁業組合は漁業権の放棄に同意した。なお、漁民との交渉に使った酒代は、大卒初任給が2万円の時代に、最初の1カ月で80万円に達したという。漁民と付き合っていく中では身銭を切らねばならないこともあった。

　漁業補償交渉が決着した後、埋め立て後の土地100万坪を千葉県から払い下げてもらう交渉も高橋が行った。結局、75万坪の払い下げで話がまとまり、いよいよそこにディズニーランドを持ってくるという流れにまでこぎ着ける。

　しかしながら、土地確保のめどはついたものの、今度は埋め立て工事費をどう工面するかという課題にぶつかる。オリエンタルランドには資金がない。埋め立てる海面を銀行に見せたところで資金は貸してもらえない。そこで、当時としては斬新な資金調達方法を考案する。埋め立て工事を千葉県からオリエンタルランドに委託してもらい、完成した土地を担保に銀行から資金を借りるというスキームで、いわば資金調達の "イノベーション" と言っても過言ではない。

　高橋は千葉県知事に直接交渉し、途中で交渉が決裂しそうになったときには、東京ディズニーランドの建設の推進者である京成電鉄の川崎が間に入って関係を修復した。

　埋め立て工事もめどがついてきたので、高橋は自分の役目は終わると思っていたが、次はディズニーランド誘致に向けたアメリカ・ディズニー社との交渉という重大案件を任されることになる。オイルショックの影響で、親会社の京成電鉄の業績が悪化したことを受

けて川﨑が社長からの退陣を余儀なくされ、後任として高橋がオリエンタルランドの2代目社長に就任した。ディズニー社との交渉が一筋縄では進まない中で回ってきた交渉役も大変だった。ディズニー社との交渉は何度も決裂寸前になったが、その度に何とか持ち直したのは高橋の存在があったからだ。

　このころ、オイルショックによる不景気のために、ディズニーランドはもうからないと考えた三井不動産（社長は江戸から坪井に交代）は、ディズニーランドの建設に消極的になっていた。ディズニー社との交渉の中で、ディズニー社がノウハウだけを提供し、建設費は出さず、入場料と飲食・物品販売の10％のロイヤルティーを要求してきたことにより、三井不動産はディズニー社との交渉打ち切りを決断した。

　しかしながら、1979年4月にアメリカに渡った高橋は、親会社である三井不動産の了解を得ずに、自らの判断でディズニー社との基本契約を締結する。自ら腹をくくった高橋の存在があったからこそ、現在の東京ディズニーランドがあるといえよう。

　1980年12月に東京ディズニーランドの建設工事がスタートした。基本契約の締結から1年半が経過していた。当初1000億円を予定していた総事業費は、最終的には1800億円を超えた。しかし、高橋はいくら金がかかっても構わないので「本物」を造るよう、担当スタッフを鼓舞激励した。結果から見れば、これはテーマパークの成功に必要な経営者の姿勢でもあったわけである。目先の工事費を惜しんでは、出来上がるものは貧弱なものにほかならない。高橋はその点をよく心得ていた。

　その後、東京ディズニーランドは、1983年3月に建設工事が終了し、4月15日に正式オープンした。この日、小雨が降る中、グ

ランドオープンセレモニーが開催された。

京成電鉄の社長だった川﨑が1958年1月にアメリカでディズニーランドに出会い、感銘を受けてから25年の月日を経て、高橋の尽力によって日本に東京ディズニーランドが完成したわけである。

その後、東京ディズニーシーが2001年9月4日にオープンした。実は東京ディズニーシーの建設を提言したのは高橋だったが、残念ながらディズニーシーが完成する前の2000年1月31日に亡くなった。享年86歳だった。86歳まで現役で、オリエンタルランドの取締役相談役として、ディズニーシーの完成を待ち望んでいた。

なお、高橋の跡を引き継いで1995年に社長になったのが加賀見俊夫である。かつて高橋の部下で、高橋が亡き後、東京ディズニーシーのオープニングに立ち会った人物である。加賀見は、当時18時に閉園した後に高橋夫妻を東京ディズニーランドに招待し、事前に高橋夫妻にはまったく内緒にして全社員で感謝の気持ちを込めた"サプライズ"パーティーを仕掛けた。

東京ディズニーランドは2020年4月で創業37周年を迎える。今後も夢と希望があふれる"ファンタジーな世界"を与えてくれる存在として大いに発展していってほしい。

【参考資料】
・「オリエンタルランド相談役　高橋政知氏（私の履歴書）」（日本経済新聞・1999年7月1～31日）
・「シリーズ人　『夢を紡いだ男』高橋政知・オリエンタルランド社長」（『日経ビジネス』1986年8月18日号・76～82ページ）
・「編集長インタビュー　高橋政知　オリエンタルランド会長」（『日経ビジネス』1988年7月18日号・144～147ページ）
・野口 恒著『「夢の王国」の光と影――東京ディズニーランドを創った男たち』（阪急コミュニケーションズ・1991年11月）

## 3. ホテルニューオータニの創業者　大谷米太郎

大谷米太郎は 1881 年に富山県西礪波郡（現在の小矢部市）で生まれ、1968 年に 85 歳で亡くなった。

写真提供：共同通信社

大谷は貧農の家庭に長男として生まれ、下に 1 人の弟と 4 人の妹がいた。家族を養うために小学校も満足に通えなかった少年時代を過ごす。子供のころから他家の田畑で働き、冬場も造り酒屋で働いた。大谷は身体が人一倍大きく、夏から秋にかけての村相撲では横綱格で「正得村の大谷」として名が通っていた。1 年働いても、前もって借りている米代や肥料代にとられて手元に何も残らないため、仕方なく食べ物として米を借りるという日々が続く。1911 年、31 歳のときに金を貯めるため母に 3 年間のひまをもらい単身上京した。しかし、東京に保証人がいないため、すぐに仕事は見つからず、木賃宿で相部屋になった顔利きに頼み込んで荷揚げの仕事にありついた。荷揚げの仕事で 3 年働いたとしてもあまり金は貯まらない、なにか商売の道を見つけなければならないと考え、甘酒屋の売り子、やお屋、おふろ屋、酒屋、米屋などで働いて商売のコツを覚えるとともに、商売の元となるタネ銭の重要さを実感する。これが大谷の「タネ銭哲学」※の原点となる。

※日本経済新聞の「私の履歴書」では、以下のように書いている。

　「私がタネ銭をつくれというのは、いたずらに金を残すのを楽しめと言うのではない。苦しみながら、タネ銭をためていくと、そこにいろんな知恵と知識が生まれてくる」「その結果、もしタネ銭が 10 万円できたとしたなら、

ものの考え方は1万円しかタネ銭がないときより、はるかに豊かに、大きな知恵と計画が出てくるものだ」。

　そして、「私の履歴書」の連載冒頭で大谷は、「若い読者諸君に言っておきたいことがある。それはたった今から、収入の1割を貯金したまえ、ということだ」と記している。

　ちょうどそのころ、日本の大相撲がアメリカへ巡業に行く話が出ており、アメリカへ行けば日本の十倍も金もうけができると聞いて、「相撲取りになってアメリカに渡り、向こうで相撲を辞めて、そのままアメリカで働こう」と考えつく。大谷は、1912年に郷里の富山で村相撲をとった仲の山田川を介して大相撲の稲川部屋に入る。31歳からの角界入りではあったが、もっとも、今年（2020年）の大相撲初場所で幕内で最も下位の番付、幕尻の徳勝龍（木瀬部屋）が33歳で初優勝したことを考えれば、角界入りがかなり遅いというわけではないのかもしれない。

　郷里の山にちなんだしこ名「鷲尾嶽」で幕下筆頭まで昇進した。もともと商売に強い関心を持っていて、当時の相撲は年2回・20日間で、幕下は一場所5日で地方巡業が中心だったこともあり、巡業先で時間があると積極的に工場見学をして機械のことを勉強し、事業研究をした。そして、アメリカ巡業の計画が立ち消えになると、角界に見切りをつけた。

　力士を引退した後は、妻のサトと1913年に「鷲尾嶽酒店」という酒屋を始めた。夫婦で寝る間も惜しんで働き、薄利多売と力士時代のちょんまげをつけたままのご用聞きで人気となった。大きな料亭に酒を納めるようになり、力士時代の関係もあって国技館の酒を扱うまでに事業を成長させた。酒屋商売も軌道に乗り、さらにもうかる仕事を求めて、1919年に東京・深川に鉄鋼圧延用のロール

をつくる東京ロール製作所を立ち上げた。

　1923年の関東大震災で工場が全焼するという被害を受けるが、震災復興に伴う鉄鋼需要に注目して大谷製鋼所を設立する。42歳のとき、いわば新たなベンチャー企業を創業した。その後、1940年に、東京ロール製作所、大谷製鋼所、大谷製鉄の3社を合併させて大谷重工業にする。合併時の資本金は1億1300万円にも達した。大谷は当時「鉄鋼王」と呼ばれるまでになった。

　敗戦によって満州、北支の工場、羽田、尼崎、深川の工場をすべて失ってしまったが、朝鮮動乱特需で大谷重工業は再び活況を呈していく。そして1964年の東京オリンピックの開催が決まると、東京都からオリンピックのためのホテル建設の申し入れを受けて、ホテル業に進出する。83歳のときである。所有していた元伏見宮邸跡の紀尾井町の約2万坪の土地は、都心にありながら掘割と石垣に囲まれた緑豊かな環境でホテル用地としては絶好のロケーションだった。大谷は、当初その土地を手放す予定だったが、東京オリンピックを控え海外からの観光客を迎える宿泊施設の不足解消のため、東京都からの要請を受けて一肌脱ぐことを決めた。“お客さんをいいホテルに、安く泊めるため”に、所有地約2万坪のうち約1万坪の現物出資もしている。

　そして、“ホテルニューオータニ”は、東京オリンピックの開催を翌月に控えた1964年9月1日に開業し、オリンピック期間中に約6万人の外国人を迎え入れた。現在、ホテルニューオータニは、帝国ホテル、ホテルオークラ東京と並んで日本のホテル業界の「御三家」と呼ばれる。ホテル業に進出する際に大谷は「日本一大きなホテルをつくる」ことにこだわった。1万8000坪（約6万㎡）に地下3階・地上17階、客室総数1058室という規模は当時としては

東洋一で、日本初の超高層ホテルだった。東京オリンピックに間に合わせるため工期はわずか17カ月という制約の中で、鉄骨で柱と梁<ruby>梁<rt>はり</rt></ruby>をつくり地震の揺れを弱め吸収する「柔構造」、世界初のユニットバスやカーテンウォール工法、すべての席から富士山を望むことができる最上階の回転ラウンジなど、さまざまな新しい技術が開発・導入された。ホテルニューオータニに採用された新技術は、その後、全国の高層ビル建設に活かされ、日本の高層建築に飛躍的な進化をもたらすこととなる。

　一方で、ホテル開業直後の不況で大谷重工業は経営不振に陥り、1965年には八幡製鐵が支援に乗り出して、大谷は社長の座を追われる。そして1968年に85歳でこの世を去った。

　大谷は、実業家としての活動の傍ら、さまざまな社会貢献にも熱心だった。相撲界への恩返しという想いから、現在の両国国技館の前身である蔵前国技館の建設を支援した。戦災による焼失やGHQの接収により、大相撲が明治神宮や浜町公園の仮設国技館で興行を余儀なくされている中、大谷は私財を投じて、相撲協会のために借地権を買い取り、既にそこを占拠していた土木建設業者や鉄の廃品回収業者の立ち退きに奔走して、蔵前国技館の建設にこぎ着けた（1950年建設、1984年の9月場所をもって閉館。1985年に現在の両国国技館が建てられるまで興行）。

　また、郷土の若者に高等教育を受ける機会を与えたいとの想いから、1962年の富山県小杉町の大谷技術短期大学（現・富山県立大学）の開校に際しては、2億円の寄付を申し出た。富山県に大学があれば、若者は親元を離れずに通え、親の負担も少なくて済むという考えからだった。

　大谷は、日本経済新聞の「私の履歴書」の中で、「人間、いつも

働いていないとダメだ。働けば自然に活気づいてくるものだ」と書いている。生涯を振り返ってみれば31歳まで農業をやっていて、上京して大相撲の力士になり、その後、酒屋に転身して、さらに東京ロール製作所を起業して、42歳で大谷製鋼所を立ち上げ、さらに59歳で大谷重工業に発展させて当時の満州にも進出して「鉄鋼王」と呼ばれるまでになった。そして、83歳で、それまで経験のないホテル業に進出した。波乱万丈な人生だが、人生の可能性を大いに示唆してくれる生き方だった。

　今年（2020年）ホテルニューオータニは2度目の東京オリンピックを迎える。

【参考資料】
・日本経済新聞社編『私の履歴書——昭和の経営者群像〈5〉』（日本経済新聞社・1992年10月）
・「不抜編（84）大谷米太郎、『一心』に鉄鋼・ホテル興す（20世紀日本の経済人）」（日本経済新聞・2000年9月25日）
・「大谷米太郎（21世紀の語り部たち　富山へのメッセージ）／富山」（朝日新聞・2001年3月3日）
・「大成建設 山内隆司の世界の風に吹かれて　17〜18回」（『週刊ホテルレストラン』2011年11月11日号）

# 第 6 章

生涯現役に向けて

発想の切り替えから

始めよう

# 1 定年の定義および年金への今後の期待度

　あくまでも私の考えだが、これから「定年」というのは、基本的に「自分が決めるもの」になると考えている。そもそも定年とは、「労働者が一定の年齢に達したことを退職の理由とする制度」をいい、法的には退職に関する事項は就業規則の絶対的必要記載事項に当たるため、企業では就業規則に定年年齢を定めている。しかし、昨今では働く意識・価値観も多様化しており、少子高齢化により労働力人口が減少していくことが明らかになっている中では、働く意思のある高齢者に働く機会を提供していくことこそ重要な施策になってくる。そうした意味でも、一律に年齢で区切って社外に出すのではなく、働けるうちは働いてもらう、引き際は自ら決めてもらうことこそ真の "定年" ではないかと考える。

　ちなみに、私は自分の "定年" を80歳と決めているが、本音を言えば生涯現役を目標としているので死ぬまで現役にこだわりたいと考えている。

　現在、一般的に定年は60歳で、定年後再雇用あるいは定年延長によって65歳まで雇用は確保されるものの、それ以降の雇用は保障されておらず、就労するには新たに就職先を探さなければならない。内閣府の「高齢者の日常生活に関する意識調査」（2014年）によれば、現在仕事をしている60歳以上の労働者の42.0％が「働けるうちはいつまでも」働きたいと回答している。これに70～80歳まで働きたいとの回答を合計すると全体の79.2％に達し、高齢期でも高い就労意欲を持っていることが分かる ［図表6－1］。

[図表6－1]　60歳以上の労働者の就労希望

◆何歳ごろまで収入を伴う仕事をしたいかという問いに対する
　現在仕事をしている60歳以上の回答

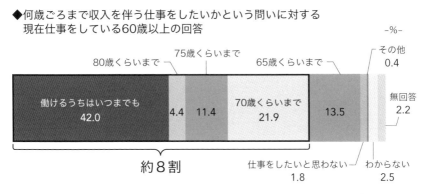

資料出所：内閣府「高齢者の日常生活に関する意識調査」（2014年）
[注] 調査対象は、全国60歳以上の男女。現在仕事をしている者のみの再集計

　また、2019年10〜11月に全国の18歳以上の男女を無作為に抽出して実施した日本経済新聞社の調査（2020年1月11日・朝刊）によると、70歳以上まで働くつもりだと答えた人が60歳代の54%に上った。18年秋に実施した前回調査に比べて9ポイント増えており、「人生100年時代」を迎え、高齢者を中心に就労意識が高まっていることが浮き彫りになった。

　60歳で還暦を迎えると、魔よけや厄よけの力があると信じられていた赤色のものを贈る風習があり、今でも"赤いちゃんちゃんこ"を着るという習慣は残っている。一昔前なら60歳は"お年寄り"というイメージが強かったが、最近の60歳は若いと感じる人が多い。還暦といってもまだまだ仕事をしている人が多いので、今の時代は"赤いちゃんちゃんこ"を着て人生の区切りをつけるには早いといえるだろう。

　一方で、社会保障の面では「定年」と「年金」は密接に連動している。かつて年金は60歳から受給できたが、平均寿命の延びや高

## ［図表６－２］　厚生年金の支給開始年齢の引き上げ

◆現行の支給開始年齢引き上げスケジュール（厚生年金）

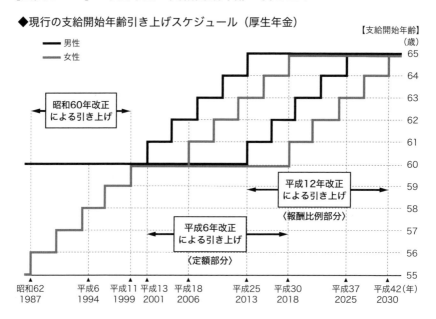

年齢者の増加に伴い年金財源が厳しくなったことから、支出を抑えるために年金の支給開始年齢が原則として65歳に変更された。実際には、公平性の観点から一定の年代ごとに支給開始年齢を65歳まで１歳ずつ引き上げる移行措置（段階的引き上げ）が行われているため、厚生年金の支給開始年齢が本来の65歳に完全移行するのは男性の場合2025年度、女性は2030年度になる［図表６－２］。

　公的年金に関していえば、国の財源不足で65歳になった際に果たして年金が受給できるのか、受給できたとしてもそれで生活を賄っていけるのかという不安を持つビジネスパーソンは多い。したがって、これからの時代は、年金に頼る発想を捨てて、自分の人生は自分で切り拓く、自ら働き稼ぐという発想がますます求められるようになる。そのためにも生涯現役に向けて、定年は自分で決める

という意識改革が大切になってくる。

　私自身の想いとしては、生涯現役を貫くためにも、年金には頼らずに死ぬまで生活していくことを望んでいる。ある意味で理想ではあるが、何歳になっても働いて、かつ国に税金を納めることが継続できれば、本当の意味での国への貢献だと考えている。日本の将来および現在の国の財政状況を鑑みた場合に、生涯現役を貫くことで自活し、年金に頼らないという意識を持つ高年齢者が増えてくることは、日本全体として歓迎すべきことであると考える。

　"人生100年時代"といわれる現在、多摩大学学長でもある寺島実郎氏が、「知の再武装」で100歳人生を生き抜くと銘打って『ジェロントロジー宣言』（NHK出版新書）を2018年に出版した。今後は80歳以上生きる人は間違いなく増えてくるだろうし、もはや100歳を超えることも珍しいことではなくなった。今後の医療の進歩を考えれば、数十年後には男女ともに人生100年時代は当たり前になる可能性がある。

## 2　まずは所属組織から距離を置く　意識改革が必要

　世代感覚の影響もあるが、一般的に40〜50代のビジネスパーソンは、20〜30代に比べて、現在勤務する企業に対しての忠誠心（ロイヤリティ）が高い人が多い。これは大切なことだと思う。

　ただ最近は、大企業あるいは優良企業といえども、不祥事や内紛などで経営の屋台骨を揺るがしかねない例は枚挙にいとまがない。たとえ上場企業といっても、将来が保障される時代ではなくなって

いる。

　ましてや、企業が副業を解禁することも一般的になりつつある。そういう意味では、現在勤務する企業に対して忠誠心の高い40～50代のビジネスパーソンにとっては意識改革が必要な時期を迎えているといえよう。既に高度経済成長期に確立した終身雇用は徐々に崩壊しつつある。忠誠心が高いことは決して悪いことではないが、これからの自分の人生を考えた場合に、現在勤務する企業で65歳を超えて雇用され続けることは現実的にはなかなか難しいので、冷静な視点に立って、多少なりとも距離を置くことが必要になってくる。

　例えば、前述したように優良企業でも何が起こるか分からない時代なので、仮に現在勤務する企業が重大な不祥事によって、経営難に陥ってリストラされたり、あるいは倒産して路頭に迷った場合に、自分は外で食べていけるのか、外で仕事をする機会に巡り会えるのかという危機感を持つ必要がある。要は、リスクマネジメントの一環で、現在勤務する企業に何かあった場合の備えのために自衛しておくことが重要になってくる。厳しい局面で企業が助けてくれるとは限らない。その意味でも、現在勤務する企業から少しずつ意識的に距離を置いていくことは大切である。

　特に40～50代のビジネスパーソンの中でも、新卒からずっと一つの企業で働いてきた人は、その企業文化にどっぷり浸かってしまっているので、急に意識改革といわれても、現実にはそう簡単にはいかないだろう。具体的に何か行動を起こすまでにはいかなくても、まずは危機感を持つことが初めの一歩といえる。

　生涯現役を貫くには、ずっと一つの企業に雇ってもらうことはあり得ないし、仮に一つの企業でずっと勤務できたとしても、雇用確保措置は65歳で終わりを迎えてしまう。その意味でも、現在勤務

する企業からの精神的自立が、40〜50代のビジネスパーソンにとって必要になってくる。

　どんな企業でも雇われる年限には限界があることを真摯に受け止めて、その上で、仮に自らの「定年」を80歳に置くならば、65歳からの残りの15年間を、いかに生きるか、仕事を続けていくかという現実を前向きに考え、取り組んでいくことが重要になってくる。

## 3 "自立"に向けた変革ステップ

　前述したとおり、一つの企業に長く勤務できたとしても現状では65歳までが限界であり、自ら定める"定年"を仮に80歳とした場合、残り15年間をどう生きるかが課題となる。この課題に対して40〜50代のビジネスパーソンは、今から真剣に取り組む必要がある。65歳以降も企業に雇われて働くという生き方もあるし、自ら会社を起こすという選択肢もある。どれを選ぶにせよ、現在勤務している企業から距離を置いて、ある意味"自立"した意識を持って自らの将来を考えていく必要がある。

　それでは次のステップとして、自らの定年を仮に80歳に設定したら、どうやって80歳まで仕事に携わっていくか、今のうちから自分の具体的な将来の仕事計画を立てて検証を始める必要がある。

　まずは、40代、50代、61〜65歳、66〜70歳、71〜75歳、76〜80歳という区分で自らの将来の仕事計画を立ててみる ［図表6−3］。特に65歳以降は現在勤務する企業で仕事を継続することは難しいわけであるから、あくまでもイメージレベルで構わない。

[図表6-3] 生涯現役に向けた80歳までの仕事計画

| | 自分はどのような仕事に携わっていきたいか |
|---|---|
| 40代 | |
| 50代 | |
| 61〜65歳 | 40代を起点として、年代・年齢の区分を目安に、将来の仕事計画のイメージを整理する |
| 66〜70歳 | |
| 71〜75歳 | |
| 76〜80歳 | |

　自分はどのような仕事に携わっていきたいのかを考えることに意義がある。まずは漠然としていてもイメージが浮かばなければ、将来の具体的な計画のステップを進めることは難しい。

　なお、イメージから考える将来の仕事計画は、あくまでも個人によってさまざまで、今まで歩んできたキャリアは異なるし、生き方も違うため、もちろん正解はない。

　すなわち、生涯現役に向けた仕事計画の作成とは、あなた自身に課せられた現実を整理・理解した上で、自ら決めた定年に向けて、どのように仕事を構築していくかを考える作業といえる。この仕事計画が、現在勤務する企業に依存しない自立した自らの変革ステップの基本になる。

　さらに、仕事計画を立てると同時に、逆に40〜50代のうちから、いかに将来に向けて準備をしておくべきか、現時点から5年以内の

仕事の在り方を検証することも大切になってくる。いわば "生涯現役作戦" は、40 〜 50 代から既に始まっているわけだ。

## 4　60歳を40歳と捉える 仕事における年齢認識改革

　ここで、あくまでも仕事を前提とした新たな年齢に関する意識改革を提案したい。

　現在の定年は一般的に 60 歳だが、仮に 80 歳まで仕事を継続するとした場合に、仕事における新たな年齢認識として、現在の 60 歳を 40 歳と捉えるという "仕事年齢の若返り" の提案である［図表 6 − 4］。したがって、現在の 80 歳は 60 歳、すなわち 80 歳になってようやく現状の定年年齢である 60 歳と捉える新たな概念である。

　あくまでも仕事における年齢認識改革だが、この考え方でいえば 40 歳が 20 歳という捉え方になる。今後は 40 歳になっても、自ら決める定年が 80 歳であれば、仕事をする期間が残り 40 年もある。引き続き将来に向けてキャリアアップを図らなければならないという問題意識を持って仕事に臨む姿勢こそが肝要といえる。現状では、

**［図表6−4］　生涯現役の視点から年齢認識を変えてみる**

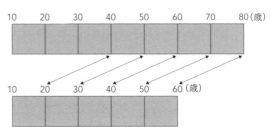

40歳といえば、企業の中でもベテランとしてある程度完成した、すなわちキャリアの方向性が定まっている年齢というのが一般的な捉え方である。しかし、これからの40歳は自分の可能性を模索して、さらなるキャリアアップを考えて前向きに研鑽を積んでいくという意識に変えていく必要があるといえよう。

　40歳を20歳と捉えれば、まだまだ頑張らないといけない世代であり、50歳を30歳と捉えると、ようやく脂がのってきた時期である。60歳が40歳というと、残り20年は前向きに頑張る必要があり、80歳が現在の定年年齢の60歳に当たると考えれば、80歳までの期間をより前向きに捉えやすくなる。年齢認識改革とは、自分を変革していくための第一歩といえるだろう。

# 5 80歳までの生涯現役のイメージ構築

　読者の中には"生涯現役"というと、特別な人だけの話と思っている方もいるかもしれないが、今後は少子高齢化による労働力不足も相まって"生涯現役"を前提に仕事に取り組むことがますます増えてくると想定される。すなわち"生涯現役"というコンセプトが一般的になってくる。おそらく10年後には、80歳まで仕事をすることが珍しくなくなってくるだろう。

　今後は健康で働く機会さえあれば、仕事を継続したいと考えるビジネスパーソンが間違いなく増えていくことが予想される。自ら決めた定年（例えば"80歳"）あるいは生涯現役に向けて、具体的な一歩をぜひとも踏み出してほしい。

# 第 7 章

生涯現役に向けた

実践アプローチ

# 1 これまでのキャリアレビューシートの作成

　前章まで生涯現役の重要性あるいは意義に関して、私なりの見解を語ってきたが、本章では、生涯現役に向けて具体的にどのようにアプローチしていけばよいかを解説していく。アプローチの全体像は［図表7－1］のとおりである。以下、詳細に見ていこう。

## ［1］第1ステップ：キャリアの振り返り

　第1ステップは、今までの自分のキャリアレビューシートを作成する［図表7－2］。40～50代のビジネスパーソンは、社会人になってからこれまでにさまざまな経験をしてきたと思うが、どのような仕事の経験を積んできたのか、具体的に経験してきた仕事内容を時系列に一度書き起こしていく。いわば、これまでのキャリアの棚卸

［図表7－1］　生涯現役に向けたキャリアレビューシートの
　　　　　　　作成ステップ

| | |
|---|---|
| 第1ステップ | 新入社員の時から今まで、どんな仕事を経験したか、時系列で箇条書きでまとめる |
| 第2ステップ | 過去の仕事の中で自分として大変やりがいがあったこと、楽しかったこと、自分にとって思い出に残っている仕事を選択する |
| 第3ステップ | 第2ステップで抽出した仕事をベースに、将来的に自分が目指す方向性を固める仕事を絞り込んでいく |

しである。

　まずは、新入社員として就職した企業から始めてみよう。この作業は決して人に見せるものではないので、自分なりに、今までどういう仕事を経験してきたかを思い出して、時系列で箇条書きにして具体的に記述していく。

　実際に、このような過去の仕事を振り返るという作業は、意外に時間がかかる。週末を３〜４回使い、１回２〜３時間かけて丹念に作成することが重要である。回数を分けて時間をかけて作業をする目的は、途中で思い出すことが出てくるため、それを確実にフォローすることにある。週末を活用して１カ月から１カ月半かけて第１ステップの作業に取り組もう。

## ［図表７−２］　キャリアレビューシート

| 年月 | 年齢 | 会社・部署 | 業務内容 | 実績 | エピソード成功体験・失敗体験 | 獲得した能力・スキル | 備考 | 仕事以外の出来事 |
|---|---|---|---|---|---|---|---|---|
|  |  |  |  |  |  |  |  |  |
|  |  |  |  |  |  |  |  |  |
|  |  |  |  |  |  |  |  |  |
|  |  |  |  |  |  |  |  |  |
|  |  |  |  |  |  |  |  |  |
|  |  |  |  |  |  |  |  |  |
|  |  |  |  |  |  |  |  |  |
|  |  |  |  |  |  |  |  |  |

手書きでもパソコンでも構わないが、より具体的に数字を用いて書いていくと分かりやすい。そして、どのような仕事を経験し、それによってどういう点が自分にとってプラスになったか、さらに自分として何を学んだかに触れながら実績ベースで作成する。加えて、その仕事に携わって成功体験のみならず失敗体験があったら、それに関しても具体的に書いておく。

　おそらく１回目の作業は誰でもぎこちないと思われる。特に今まで自分の過去を振り返る作業をしたことがない人には、最初はなかなか進まないかもしれない。

　まずは１回目の作業で主要な仕事経験を出し終えることだ。２回目には、そういえばこういうこともあったと、過去にさかのぼって追加する事項が出てくるはずである。そうした内容を逐次追加していきながら全体を膨らませていく。

　結果的に、Ａ４サイズのシートでおそらく３〜６枚程度になると思われる。そのシートの中に今までの自分のキャリアの歴史が見えてくる。第１ステップの「キャリアの振り返り」は、自分自身にとって人生の貴重な財産になるだろう。

## ［２］第２ステップ：キャリアの抽出

　第２ステップは、第１ステップで作成したキャリアレビューシートを見ながら、過去の仕事の中で自分として大変やりがいがあった仕事、あるいは楽しかった仕事、自分にとって思い出に残っている仕事を、さらに細かく書き出して“深掘り”していく［図表７−３］。私はこれを「キャリアの抽出」と呼んでいる。いわば、自分の強みの発見である。第１ステップは事実を中心に箇条書きで挙げていくのに対して、第２ステップは自分自身の仕事に対する判断や評価を

[図表7－3]　キャリアの抽出

| 年月 | 年齢 | 会社・部署 | 自分が好きだった仕事、得意だった仕事、専門として"売り"にできる仕事 | 備考 |
|---|---|---|---|---|
|  |  |  |  |  |
|  |  |  |  |  |
|  |  |  |  |  |
|  |  |  |  |  |
|  |  |  |  |  |
|  |  |  |  |  |
|  |  |  |  |  |

入れ込んでいく作業になる。

　この作業は２～３時間かけて行い、第１ステップと異なり１回の実施で構わない。自分が好きだった仕事、得意だった仕事、専門として"売り"にできる仕事という三つの視点から仕事を自分なりに抽出することが、第２ステップの目的である。出来上がりは、人によって異なるだろうがＡ４サイズで１枚程度となるだろう。

　この作業を通じて、自分が好きである、得意である、あるいは専門にしてきた仕事が見えてくる。結果的に、そうした仕事が生涯現役につながる基礎になっていく。第２ステップは、生涯現役に向けた基礎を見つけるためにも大切な作業となる。

　第１ステップで作成したキャリアレビューシートの内容によって第２ステップの「キャリアの抽出」作業が左右されるので、第１ス

テップはじっくりと取り組み、今までの自分のキャリアを丹念に振り返ることが重要となる。中には、第2ステップの作業をしている過程で、突然過去の仕事を思い出すこともある。過去の仕事に関して記述する事項があれば、さかのぼって第1ステップのキャリアレビューシートに追加していくとよい。

## [3] 第3ステップ：自らの専門となる柱の追求

　第3ステップは、自分が好きで、かつ得意であり、専門性があると思える仕事という三つの視点から、自分が将来に向けて核となる仕事を固める作業である。すなわち、第2ステップで書き出した仕事をベースにして、将来的に自分が目指す方向を絞り込んでいく。中でも、私は"専門性"こそ他社でも通用する武器になると考えている。言い換えれば「キャリア＝他社でも通用する専門性」である。

　自分が生涯現役に向けて何をメインにしたいかという視点から仕事内容を3～5点に絞り込む。第3ステップは2～3時間かけて1回で行う。この絞り込み作業により、自分の強みとなる仕事のイメージが徐々にできてくる。

　一方で、今後AI（人工知能）やRPA（Robotic Process Automationの略。ソフトウエアロボットによる業務自動化）の登場によって必要とされる仕事の質や中身が変容していき、定型的な事務作業はどんどん最新のテクノロジーに置き換わる時代が到来することは必至である。しかしながら、私は、現時点において、最新のテクノロジーの存在はあまり気にしすぎなくてよいと考える。おそらく、どんな仕事でもAIやRPAが完璧にすべてこなせるかというと、そうではない要素が必ず存在すると考えるからである。

　今後10～20年で、どんなにAI・RPAが進歩したとしても、仕

事では必ず人が行うアナログ的な要素は残るし、逆にそこにビジネスチャンスがある。AIやRPAがカバーできない要素をうまく探し出して、あえてそこに取り組むのが、生涯現役に向けた仕事に対する基本的なスタンスになっていくと考える。

　私自身を振り返れば、第3ステップで自らの専門性を絞り込むと、まずは本業の人材紹介（人材サーチ）であり、第2は採用研修に関係した人事業務であり、そして第3は営業となる。今後も人材紹介（人材サーチ）を中心に人事や営業にも幅広く携わることで、生涯現役を実現したいと考えている。

## ２　80歳までのキャリア開発シートの作成

### ［1］これまでのキャリアを踏まえた集大成のシート

　第3ステップで絞り込んだ3〜5点の仕事内容をベースに、前掲・第6章で紹介した「図表6−3　生涯現役に向けた80歳までの仕事計画」の40代、50代、61〜65歳、66〜70歳、71〜75歳、76〜80歳の6区分をここでも使用する［図表7−4］。

　これまでのシートは、過去のキャリアの振り返りと強みの抽出だったのに対して、この80歳までのキャリア開発シートは、それらをベースに未来を展望するもので、生涯現役を実現するための指針となる。いわば、過去から現在、さらには将来をつなぐ自分自身のキャリアの集大成といえるものだ。

### ［2］記入上の留意点

　40〜50代のビジネスパーソンの場合、これからのキャリアの選

[図表7－4]　生涯現役に向けた80歳までのキャリア開発シート

| | 自らが考えるキャリア構築方法(現在の企業で継続勤務、転職、起業) | 健康状態 | 人との接点 | 趣味 | 蓄え | 家族・パートナーの状況 |
|---|---|---|---|---|---|---|
| 40代 | | | | | | |
| 50代 | | | | | | |
| 61～65歳 | | | | | | |
| 66～70歳 | | | | | | |
| 71～75歳 | | | | | | |
| 76～80歳 | | | | | | |

　択肢は、①現在の企業で継続勤務、②転職、③起業の三つが基本と考えられる。これらの選択肢を前提に、第3ステップで絞り込んだ生涯現役に向けた仕事の柱をベースに、40代、50代、61～65歳、66～70歳、71～75歳、76～80歳の各期間において、自分は専門性を活かしてどう働きたいのか、どう生きたいかを記入していく。

　なお、[図表6－3]の仕事計画は自分視点で仕事を考えていくものだったが、[図表7－4]の80歳までのキャリア開発シートは、生涯現役を実現する上で、より実践的に細部を検討するためのものである。仕事だけでなく、自分を取り巻く環境や必須要件（健康、人との接点、趣味、蓄え、家族・パートナー）についても盛り込んでいる点が特徴といえる（詳細は、第4章「 5 　筆者が考える生涯現役を実現するための必須要件」を参照）。

　このキャリア開発シートは、1回で完成させることは難しいので、2回程度に分けて1回2〜3時間かけて実施する。

　このシートを作成する際は、65歳以降のことなど誰しも簡単に思いつかないかもしれない。将来のイメージは漠然としてしまうが、それでよいのである。将来のことは誰にも分からない。ましてや、現在の世の中は1年後にどうなっているのかも分からない時代である。キャリア開発シートは、あえて期間を区切って将来に向けてのビジョンをイメージすることに意義がある。大切なことは、自分の可能性を広げる意味でも、気負わずに柔軟な発想で作成することが、最も重要になる。

## 3　自分の人生は自分で切り開く気概の確立

　キャリア開発シートを作成することによって、60代以降は、企業に頼るのではなくて、自分で起業しようと考える人も今後増えてくると想定される。

　企業に忠誠を誓って、愛着を持って定年まで仕事を継続することは、それは重要かつ大変意義深いが、今後は企業に頼らない、依存しない生き方がますます求められてくるだろう。では、なぜ、今後は企業と距離感を保つことが必要になってくるのだろうか。

　企業は、一定の年齢で人材の新陳代謝を図る「定年」という仕組みがある以上、必然的に限界がある。もちろん、一部には60代以降の人材を雇用する企業もあるが、現実には企業に生涯雇われ続けるのは難しいだろう。

生涯現役を実現しようとするならば、生涯雇われ続けるという選択肢は現実には不可能に近い。したがって、40〜50代のビジネスパーソンは定年後を見据えて、現実問題として、もしも企業から雇われなくなったらどう生きていくのか、自分なりにどうやって稼いでいくのかを真剣に考える時期にきているといえる。

　キャリア開発シートを作成する際には、企業に頼らず、かつ依存しないで、どうやって80歳まで仕事をして稼いでいくのかをじっくりと考えることが大切である。中には定年になったら、流れに任せて自分が好きなことを目標に起業するという方もいるが、どういう価値を、どうやって提供し、それによっていかに対価を得るかという視点を忘れてはならない。

　企業から離れたら「自分は何の仕事もできない」「何でも自分でこなさなくてはならないし、それは自分にとっては難しい」と考える方も多いだろう。特に、これまでずっと企業に勤務してきた方は、企業から離れて生きていく未知の環境に「不安」や「恐怖」といったイメージを持つはずだ。

　しかしながら、いまやICTの急速な発展・普及によって個人レベルで情報を一斉かつ広範に発信したり、受信することが可能な社会が実現している。旧来の社会や組織から独立し、自由で独創的な個人の活動が力を持つという「個の時代」に入ってきている。「個の自立」というテーマは、今後の生き方の大きな潮流になっている。どうしても昭和世代には抵抗感があるかもしれないが、個人が自らキャリアイメージを作らなければならないという「個の自立」というテーマに、あらゆるビジネスパーソンが真正面から向き合う必要がある。

　生涯現役で80歳まで仕事を続けるとするなら、むしろ企業に頼

らないで、自分なりに仕事をすることを選択したほうが現実的かもしれない。むしろ、そのほうが80歳まで現役で仕事を継続できる確率が高まる。すなわち、企業に"おんぶに抱っこ"というよりは、自分の道は自分で切り開くという気概を、このキャリア開発シートを作成する機会に持つことが大切である。現在勤務する企業から距離を置くという点を思い出してほしい。将来に向けて自分で自ら稼ぐ方法を考えることは、生涯現役を実現していく上で重要なステップになる。特に、これまで新卒から１社で長年頑張ってきて、転職経験が一度もない人は、企業を離れることに強い抵抗感があるだろう。この「キャリア開発シート」の作成を機に「個の自立」というテーマから目をそらさずに、真剣に向き合ってもらいたい。

## 4　他者に頼らない真の自立への道

　前述したように、真の「自立」というのは、他者を頼らないということである。自分自身のキャリアを自己責任でいかに構築していくかという考え方が基本になる。

　一般的に、これまでずっと企業に勤務してきた方は企業が主体であって、辞令一つで自分の所属部署が変わっていくことに疑問を差し挟む余地はなかった。いや、むしろ現実的には難しかったかもしれない。ある意味で、自分の将来は企業任せになっていたわけである。

　「個の時代」にあっては、自分のキャリアは企業任せではなく、自分で考えていくことが求められる。「他者に頼らない真の自立へ

の道」というテーマは、いわば自分を中心としたキャリアをいかに構築するかという点に尽きる。特に今後は、60代以降の人生は、自分を主体として考えていくことがとても大切になる。いつまでも企業が雇ってくれることはあり得ないという前提に立てば、起業は重要な選択肢の一つになってくるだろう。

## 5　現在の仕事を通じて“生涯現役”への仕事術として“創職力”を磨く

　私は、これまで出した転職に関する著書の中で「創職力」という言葉を何度も使用してきた。「創職力」とは、私の作った造語だが、「要求された仕事だけではなく、柔軟な発想で新しい仕事を企画・提案して実行できる能力」のことをいう。プラスアルファの価値、意義ある仕事を生み出す力と言い換えることができよう。競争環境が厳しく、他社との差別化が求められている現在、「創職力」はビジネスにおいて、今後ますます重要になってくる。特に40〜50代のビジネスパーソンには、将来に向けて仕事を進める上で重要な要素になってくる。

　普段の仕事をしながら、一方で新しい仕事を創り出すということは、新規事業を立ち上げるというレベルの話ではなく、普段の仕事を通じて常に仕事をより良くするために改善や提案をすることや、仕事の効率を上げて売り上げ拡大を図るといった、現状の仕事の質やレベルを向上させて、環境をより良くするための仕事を新たに創り出すことを意味する。

　例えば、営業の仕事をしている方であれば、与えられた仕事の範

疇で売り上げを拡大させるだけではなく、自分なりにアイデアを出して、いかに新しいマーケットから売り上げを獲得するか、あるいは財務経理の方であれば、与えられた仕事を十分にこなすだけではなく、財務経理のノウハウやスキルから現在携わる仕事の生産効率を上げるための提案をするといったことが考えられる。すなわち、与えられた仕事において求められている期待値に対して120％こなす姿勢だけでなく、それにプラスして、新たな売り上げ貢献、利益貢献、効率改善貢献等をいかに導き出せるか、自分なりの視点・アイデアを提案し、かつ行動に移していく姿勢が求められる。「創職力」を意識し、実践することは企業へ貢献すると同時に、自らの能力を開発することにもつながっていくため、間違いなく自分のキャリアにプラスになる。

「創職力」への意識づけは、20〜30代の若い世代には当然に必要な実務能力だが、生涯現役を考えると、ビジネスパーソンとして"出来上がっている"40〜50代でも「創職力」を忘れない姿勢が大切である。いわば、そうした"新たな価値を創出する"意識を持ち続ける姿勢こそが、結果的に生涯現役につながる重要な鍵を握る。

もちろん、マネジメントとして部下を育成することも40〜50代にとって重要である。与えられた仕事に対する期待値を120％部下が達成するだけでなく、自分なりの創意工夫やアイデアを提案し、実行していけるように部下を導き、指導していくことも大変意義深いことである。マネジメントを通じて部下にも「創職力」の重要性を伝えていくことで、生涯現役に向けた自らのキャリアの基礎も形成されて、かつ将来への展望も見えてくるだろう。

## 6 取得しても意味のない資格取得に走らない 真のキャリアアップを考える

　40～50代で、将来のために資格を取得する人が増えている。私は、基本的に“キャリア＝他社でも通用する専門性”と定義しているが、他社でも通用する専門性にさらに磨きをかけるためにプラスアルファの価値として必要なものが、まさに“資格”であると捉えている。

　例えば、人事の仕事に携わっている人が社会保険労務士の資格を取得するのは、仕事の幅を広げるという意味で価値がある。あるいは、財務経理に携わっている人が簿記1級なり税理士試験を受けるというのも仕事そのものに直結するので意味がある。法務の仕事に携わっている人が、弁護士資格や弁理士資格に挑戦して付加価値を上げるというのも意義がある。

　このように自分の“売り”となる専門性に磨きをかけるために資格を取得することが、本当の意味でのキャリアアップにつながる。あくまでも自己啓発の目的のためであれば別だが、明確な目的意識がなく、自分の仕事の専門性を高めることに直接結びつく資格が思いつかない場合には、語学、特に英会話を学ぶことをお勧めする。

　今年（2020年）の東京オリンピックでは、多くの外国人が日本を訪問する。外国人が困っている際、あるいはアドバイスする場合に、一般的に使用されるのは英語なので、やはり外国人とコミュニケーションがとれる最低限の英会話能力はあったほうがよい。昨今ではスマートフォンの翻訳アプリを使用することも可能だが、コミュニケーションは実際に顔と顔を合わせて会話をすることで、相

手に安心感を与え、意思疎通が円滑になる。

　私自身を振り返ると、遅ればせながら50代前半でシンガポールに赴任した際、現地の外国人と酒を酌み交わしながらコミュニケーションをとることで関係を深めた思い出がある。どんなに翻訳アプリの機能が進歩したとしても、直接交わすコミュニケーションに勝るものはない。

　社会人向け英語資格であるTOEICでは、ゆっくり話してもらえればコミュニケーションがとれるレベルなら600点、日常会話で支障がないレベルであれば700点が目安とされている。

　もっとも、現在は中国語のニーズが高まっているので、英語以外に中国語を学ぶのもよいだろう。英語や中国語以外に自分の好きな言語があるならばそれを学ぶのも悪くないが、世界共通言語である英語がある程度できてから中国語や他の言語に目を向けるべきだろう。

　一方で、語学だけではなく、ITスキルを磨くことも意義がある。ワード、エクセル、パワーポイント等はいまやビジネスの必須スキルと言っても過言ではない。さらに実践的なITスキルを持っていることも悪くない。プログラミングまでいかなくても、自分でウェブサイトを構築かつ運営できるまでスキルを身に付けていると重宝がられる。さらに、MBAの取得のみならず、大学や大学院に通って学ぶことも意義があるだろう。

　むやみに資格取得を目指すなら、むしろその時間に英語をはじめ、中国語などの言語を学んだり、ITスキルを磨いたり、大学や大学院で学んで自らの付加価値や幅を広げるほうが重要であると私個人は考える。

# 7 将来に向けた
## 人脈ネットワークの基盤構築に注力する

## ［1］人脈づくりの基本

　私は人材紹介（人材サーチ）の仕事をしているため、人脈ネットワークは非常に重要だと考えている。そのため自分としてもさまざまな人との交流を通じて、ネットワークを築く努力を重ねてきた。

　多くの人から尊敬され、人格的に立派な人には優秀な人が集まる。自分が尊敬し憧れる人と接点を持つためには、まずは、そういう人に近づけるくらいに、自分自身を磨いておく必要がある。人脈を構築する上でのセオリーは、自分を高めていく意識を持つと同時に、さまざまな方法でそういう人と接点を持つように努力することが大切になる。

　それには、直接人と会うことだ。接点がなければ何も始まらないし、自分から行動しない限り、接点を持つ機会など巡ってこない。自分が接してみたいと思う人の講演やセミナーには、自己投資と割り切って自腹で参加し、話を聞きに行くことが先決である。積極的に足を運んで、名刺交換する際に多少なりとも話を交わし、直接コミュニケーションがとれる場を、自分から工夫して仕掛けていく。直接会ったとしても、自分が考えていたイメージと違うということも少なくないが、こうした行動力がなければ、人脈は広がっていかない。人脈は本人の努力と行動力の結果といえる。

　いまや FaceBook をはじめとした SNS が普及・浸透したことで、簡単に人とつながれる時代になった。しかし、人との接点は直接会って、名刺交換をして、直接話すことから始まると私は確信している。

## ［2］ネットワークの維持・継続のポイント

　自分が尊敬し憧れる人と接点を持てて、名刺交換ができたとして、その接点をいかに保つことができるかが重要となる。たとえ接点が持てたとしても、その接点を保つことができなければ、結局は単なる「点」で終わってしてしまう。

　前述したように、接点を持てた相手に関心を持ってもらえるよう自分自身を高めておかないと、次につながることはない。単に名刺交換をした人で終わってしまうわけだ。そうならないためには、名刺交換した相手から少なくとも「この人とは今後も交流したい」と思ってもらえるように、自分自身の経歴やキャリアを高めていく必要がある。実は、人脈形成は、会うというきっかけづくりよりも、その後の関係性を維持していく取り組みのほうがはるかに難しい。

　人との接点から真の人脈ネットワークに結びつけていくためには、自分自身を常に磨いて高めていく姿勢、すなわち自分のブランド力を上げるための努力を惜しまずに一歩一歩積み上げていく。自分自身の経歴やキャリアに裏打ちされたブランド力を常に上げていくという努力を継続していくしか近道はない。逆を言えば、常に自分自身を高めていく努力を継続して、自分の付加価値を上げていかないと、人脈ネットワークはすぐに消滅する可能性が高い。

## ［3］"ギブアンドギブ"という発想

　人との接点を持つこと＝人脈ではない。名刺交換で得た枚数やSNS を通じて接点が持てた人数を人脈と勘違いしている人がよくいるが、接点を持っただけ、つながっただけでは決して人脈ネットワークとはいえない。人脈ネットワークは、意義ある交流が継続できているかどうか、接点を有意義に保っているかどうかが鍵を握る。

したがって、接点をいかに保ち、かつ、より強固なものにしていく
かが、本物の人脈ネットワークを高めていく基本となる。

　そして、真の人脈ネットワーク構築のためには、相手に対して自
分がどういう付加価値を提供できるか、相手に対して寄与できるか
がポイントになる。相手も自分を認めてくれて、良い関係に発展す
るかどうかが人脈ネットワークを構築していくための基盤となる。
それには、自分の人脈を相手に対して気持ちよく紹介して、相手の
ネットワークの拡大に惜しみなく協力することが重要である。要は、
相手に対して"ギブアンドテイク"の発想ではなく、"ギブアンド
ギブ"の発想で対応していけるかどうかが大切なのだ。

第 **8** 章

パターン別の

生涯現役を

探求する

# 1 専門性の確立から 80歳までの雇用機会を探る

　前章では、自分のこれまでのキャリアの振り返りから始まり、自らの柱となるキャリアを抽出した後、80歳までの「キャリア開発シート」を作成してもらった。自分の人生は自分で切り開くことを前提に、勤務する企業から距離を置いて、自分を中心とした今後のキャリアに対するスタンス「個の自立」を再認識できただろうか。

　この章では「個の自立」を前提にして、具体的に生涯現役を目指す上で、どのようなキャリア構築パターンがあるか紹介しよう。

　私が定義するキャリアは「他社でも通用する専門性」だが、既に専門性を持っているのであれば、それを活かして貢献することで雇用機会を確保できないかを模索することになる。

　専門性を前提として、企業に雇用機会を求めるために、80歳までいかに仕事を継続できるかを考えてみよう。もちろん、80歳という年齢を考えた場合に、現在勤務する企業に80歳までずっと在籍できる可能性はほとんどないので、自分の専門性を起点に雇われる機会を見つけるのが現実的だろう。例えば、専門性が営業という方は、好きや得意とする要素が接客につながるようであれば、キャリアの展開先として外食産業の接客にも期待が持てるだろう。このように専門性を核として、自分が好きな仕事、得意とする仕事という視点から周辺領域に展開していくと、新たな可能性を発見できる。

　会社での出世は、役員になれば60歳前後までは期待できるかもしれない。しかし、現在在籍する企業で役員になれるかなれないかの見極めは50代に入れば見えてくる。役員になれる可能性が低い

のであれば、60 歳以降はもはや役職とかではなくて、自分の持っ
ている専門性をいかに別の企業で活かして、80 歳まで仕事を継続
できるかという視点に切り替えるべきである。すなわち、60 歳以
降は、もはや出世や役職にこだわるのではなく、現実問題として自
分がいかに仕事を継続していけるか、別の企業で自分の専門性を活
かして組織に貢献し、雇用機会の確保につなげていけるかに視点を
切り替えることである。

　前述したように AI や RPA など新たなテクノロジーの登場によ
り、これからの仕事の在り方や仕事の中身がますます変容していく
ことは間違いない。将来のことは不確実性が高いが、自分の持って
いる専門性を武器にどう企業に貢献できるかを現時点で自分が想像
できる範囲で考えて、転職を視野に入れて仕事を継続するシナリオ
をイメージすることから始めよう。

　仕事を継続するシナリオで大切なことは、もはや役職や職位と
いったプライドを捨てて、自分の好きな仕事、得意な仕事、自分の
持っている専門性と照合しながら、雇われ続けられる可能性のある
職種および業種（業界）を選択していくことだ。

　職種の選択の際は、自分の好きな仕事、得意な仕事、専門性の面
から考えるが、業種の選択は、80 歳まで仕事を継続するという前
提に立てば、かなり幅広く柔軟に捉えたほうがよい。すなわち、今
まで経験してきた業種だけでなく、まったく未経験の業種も視野に
入れ、自分の専門性や自分が好きでかつ得意としている分野が活か
せるか可能性を探っていく。

　すなわち、65 歳以降は中小企業で貢献していく選択肢が現実的
といえよう。少子高齢化で労働力人口が減っていく中で、中小企業
であれば、確固たる専門性があれば雇用機会を確保できる確率は高

い。人手不足の中、日本人の労働者が採用できないことを受けて、外国人労働者を確保して人材市場をカバーしようとする動きが出てきているが、中小企業でも通用する専門性があれば65歳以降でも雇われることは可能だろう。役職や職位、年収に固執しなければ雇用される道は開けると考える。

　80歳まで仕事を続けたいという想いがあれば、年収は低くても仕事に携われることに力点を置くと自分自身で割り切れるかどうかが分岐点になる。

## 2　副業から起業につなげる

　政府は、「働き方改革実行計画」（2017年3月28日　働き方改革実現会議決定）を踏まえ、副業・兼業の普及促進を図っている。そうした流れを受けて、厚生労働省では、2018年1月に「副業・兼業の促進に関するガイドライン」を策定するとともに、モデル就業規則の副業・兼業禁止規定を削除し、新たに副業・兼業の規定を設けた。このように政府や厚生労働省は、副業・兼業を広く普及させようというスタンスをとっている。したがって、今後は副業での実績を踏まえて、起業にステップアップする人も増えてくるだろう。起業そのものに抵抗感がある方は、むしろ副業をベースにして起業することを視野に入れておくとよい。

　いまや副業を解禁する企業も増えてきているので、現在勤務する企業が副業を認めてくれるのであるならば、まずは副業にチャレンジして将来の起業への可能性を模索するルートもある。副業に関し

ては、若い 20 〜 30 代で始める人もいるが、40 〜 50 代といった中間管理職クラスのキャリアをベースに始めたほうが、今まで培ってきたビジネス経験を活かせる利点もある。したがって、40 〜 50 代のビジネスパーソンが週末を活用して副業を開始することは大変意義があると考える。

　2006 年 5 月に施行された新会社法により、会社設立のため事前に準備する出資額（資本金）の規制が撤廃されたため、容易に会社が設立できるようになった。私が起業した 2003 年当時は、株式会社を設立する場合には、資本金が最低 1000 万円必要だったが、今では資本金は問われない。役員も 2003 年当時は自分を含め取締役 3 人に監査役 1 人が必要だったが、新会社法では、役員は起業した本人 1 人だけでよい。会社設立のハードルが大きく下がったので、副業から始め、ビジネス展開が見込めそうであれば、将来の起業につなげるという選択肢がある。実際に私の周囲にも副業から起業につなげ、会社を経営している方がいる。

　副業は、ある意味で、手堅く成功しやすい起業につなげられるというメリットがある。すなわち、ある程度、副業をうまく回せるのであれば、その延長線上として起業してもうまくいく可能性は高いと想定される。副業を起業に向けた基盤にする発想は決して悪くないだろう。

　私の知り合いの例を挙げると、副業でネット通販のビジネスをやっていたところ、うまく回り出したので起業し、現在はそのビジネスを本格的に展開している方がいる。あるいは、副業で塾の先生をしていた知人は、小規模ながらも個別指導の塾を立ち上げ、地域に根差した経営をうまく回している。さらに、自身も税理士の資格を持っており、財務経理のスペシャリストとして、副業で知人の公

認会計士事務所の手伝いをしていた流れから、自らの税理士事務所を立ち上げた人もいる。

このように副業から実際に起業に至るケースはさまざまだが、総じて、実際に起業した状況をある程度イメージしやすいので、いきなり起業するよりも成功する確率が高いといえる。もしも現在勤務する会社が副業を認めてくれるのであれば、副業から起業という路線も考えるに値する。特に自分自身で将来会社を起こしたいと思っている方には、まずは副業から取り掛かるのも一つの選択肢といえよう。

## 3 50代あるいは60代で起業する

いまや65歳まで定年延長をする会社も増えつつあるが、会社によっては50代で役職定年となるケースもある。例えば、55歳で部長を役職定年になると、役職から外れたまま現在の会社に残るか、外部に転職先を見いだすか、あるいは自ら起業するという選択肢がある。特に今後は50代後半から60代にかけて会社を立ち上げる方も多く出てくるのではないかと想定される。前述したように、65歳を超えても同じ企業に雇われ続けるのは現実的に困難であることは、ビジネスパーソンであれば誰もが基本的に理解しているだろう。企業が生涯現役を保証することは現実にはあり得ず、企業にとっても長期雇用には限界がある。

もちろん、前記 1 で説明したように、自分の好きな仕事、得意な仕事、専門性を活かして、企業規模や業種、年収水準にもこだわら

ずに雇われ続けるという選択肢もあるが、一方で自ら会社を起業するということも意義があると考える。

　しかしながら、これまで起業の経験がないビジネスパーソンが、突然会社を起こすとなると、当然ながら準備期間も資金も必要になる。50 〜 60 代で起業したいと考えている方にとって、会社を立ち上げる資金面や手続きは以前よりも容易にはなったが、起業そのものに関する勉強は不可欠である。例えば、起業するにはどういう手続きが必要なのか。会社を起こしたら自社のホームページも必要だし、経理を見てもらう税理士などのプロへの委託も必要になってくる。どういうビジネスモデルで会社を回していくかが成功の鍵を握る。起業したとしても、売り上げがないと経営は回っていかないので、どのようにして売り上げを立てて会社を運営していくかに関しても事前の知識や準備が必要になる。すなわち、50 〜 60 代で起業しても最初からある程度の売り上げが立てられる見通し、周到な戦略がなければ会社経営は成り立たないという認識が必要だ。

　会社を起こす前にいろいろと準備をしても、実際に経営してみないと分からないことも多々出てくる。それでも、起業する前の準備にじっくりと時間をかけることは、リスクヘッジの視点からとても重要である。

　私は起業前に大前研一氏が主催するアタッカーズ・ビジネススクール（ちなみに私は第 1 期の卒業生である）に通って、起業がどのようなものかを勉強した。周到な準備をしたいのであれば、起業のための塾やスクールで学ぶことも大切だ。塾やスクールに通って起業に関する知識を得たり、事業計画を立てる演習を通じて実際に起業した際に直面する案件の事前準備ができたりする。また、同じ起業を目指す仲間を得ることで人脈が広がり、起業に向けたモチ

ベーションを高め、維持していけるというメリットもある。

　なお、起業には、自分１人だけではなく、現在勤務する会社の同僚と一緒にやるとか、昔からの知人と一緒に起こすといったさまざまなパターンがある。自分自身の経験を振り返ると、起業で一番重要なのは、誰と組んで会社を立ち上げるかと、ビジネスモデルの２点に尽きる。

　起業の際に誰と組むかで成功が左右されるので、じっくりと考えて準備する必要がある。一緒に組む人が、かつての同僚なのか、部下なのか、知人なのか、友人なのか、さまざまな選択肢があるだろう。一方で、自分が一緒に起業したいと思っても相手が参画してくれるかどうか分からないので、ある程度自分なりに人が絞れたら、その相手を口説き落とすくらいの気概で仲間を集めていくことが大切である。

　次にビジネスモデル、すなわち、どういう事業をするかである。ビジネスモデルに関しては、一緒に会社を立ち上げる仲間を固めていく際に、自分なりに構築したビジネスモデルを説明して、共感して参画してもらえるかがポイントになる。もちろん、会社を起こす仲間と一緒にビジネスモデルを最終的に固めていくことも大切だが、起業するのであれば、まずは起業に向けた基本的なビジネスモデルを自ら構築しておく必要がある。現実には、起業してから１年で 10 社のうち６社しか残らず、３年で 100 社のうち 10 社しか残らないといわれてはいるが、だからこそ起業前の事前準備に時間をかけて、一緒に組む仲間を固めると同時に、起業に向けたアイデアを仲間と共有して一致団結できるビジネスモデルを構築しておくことが肝要である。また、例えばアメリカのシリコンバレーやニューヨークなど海外を回ってみて、最新の情報に触れながら現地でじっくり

とビジネスモデルの構想を練ることも意義がある。

　もっとも、起業したら、もはや雇われの身ではないので、会社が存続する限り、80歳でも、あるいは生涯現役でも仕事を継続することは可能になる。あくまでも健康が前提条件だが、会社が存続する限り生涯現役を実現できる点に起業するメリットはある。

# 4 「お一人さま起業」の一般化

　起業する前にきちんと事前準備をして、誰と組むかを決め、かつ起業する際のビジネスモデルを構築する流れを説明したが、逆に、自分1人でビジネスモデルを固めて、自分1人で起業するという「お一人さま起業」もこれからはかなり一般化してくるだろう。

　2003年に筆者が立ち上げた「佐藤人材・サーチ㈱」も、まさに形態は「お一人さま起業」である。「お一人さま起業」は規模が小さい代わりにリスクも少ない。そのかわり、1人で起業して会社を経営していくということは、事務処理から営業まですべてを1人でこなさなくてはならない。特に大企業に長く勤めてきて部長職まで上りつめた方にとっては「事務も含めて、何でも自分で処理しなければならないのか」と抵抗があるかもしれない。しかしながら、仲間と一緒に起業するにせよ、あるいは「お一人さま起業」にせよ、起業するには、あらゆる仕事に柔軟かつ前向きに対応する姿勢が大切となる。

　「お一人さま起業」は、ある意味で弁護士や税理士、社会保険労務士といった"士業ビジネス"に近いといえるかもしれない。もし

も、そうした資格を持っている方であれば、50～60代でも「お一人さま起業」は、それほど難しいことではないだろう。

　また、「お一人さま起業」でも、自分が元気であれば80歳どころか、生涯現役が実現可能といえる。すなわち、自分の代わりとなる人はいないから、会社が存続する限り、自分が好きなだけ仕事を継続することが可能である。

　「お一人さま起業」のデメリットとして、何でも自分で対応しなければならない点はあるが、アウトソーシングを活用することで負担は確実に減る。例えば経理は社外の税理士に、ホームページの管理は外部のIT企業に頼むなど、多少費用（コスト）がかかったとしても、アウトソーシングをうまく活用して経営を回していくことが肝要である。

　一方で、何でも自分で対応する気概を持って仕事に立ち向かうことは、自分を磨く機会にもなるし、自立している感覚が持てる。自分が倒れれば会社の経営が立ち行かなくなるので、常日頃から健康にも気を配るようにもなる。

# 5　地方創生に貢献する

　現在、私は本業の人材紹介（人材サーチ）の仕事の傍ら、山梨学院大学に週1回赴いて客員教授として"実践キャリア論"の授業を行っている。

　今後、地方は少子高齢化による人口減少に加えて、都市への流出によって働く人がどんどん減っていくことが予想される。逆にいう

と、他社でも通用する専門性がある人であれば、地方の中小企業に赴いて働く機会が得られる可能性が高い。大都市ではなく地方に目を向けてみることも大切だと考える。

　それこそ60代になったら、Uターンして自分の故郷に帰って起業するという選択肢だけでなく、例えば後継者不足や労働力不足に悩んでいる地方の中小企業で、今まで培った実務経験を活かして貢献する選択肢もある。その際、給料水準はその地方の相場になるため、年収や労働条件に固執するのではなく、仕事を続けることができて社会貢献できるという働きがいに力点を置くべきだろう。

　また、地方の中小企業で働くことは、いわば地方の活性化にもつながる。人手不足を補うべく外国人を採用して雇用確保を図る流れもあり、現実に地方の工場では外国人労働者の力を既に借りているところも少なくない。他社でも通用する専門性を活かすべく地方に移住して、今までの実務経験を活かしながら雇われるのか、あるいは「お一人さま起業」も含めて起業するのかといった選択肢の違いはあるが、いずれにせよ地方に住んで仕事をすることで、そこで税金を納めることになるから、地方の活性化、地方創生にもつながる。会社を経営している立場からすれば、国税のみならず住んでいる地方自治体に税金（地方税）を納めることが、最も社会に貢献することであると私は考える。

　関心のある地方・地域があれば、一度観光を兼ねて下調べを目的に現地に足を運んでみよう。平日であれば地方・地域の役所も開いているだろうから、役所の窓口を訪問して現地での就職や起業について情報収集することをお勧めする。自ら足を運んで情報収集すれば、ネット検索だけでは分からない生の情報も入手できる。やはり「百聞は一見に如かず」で、足を運んで実際に現地を見ることはと

ても大切である。廃校となった学校を利用して起業を応援している地方もある。さらに、地方のほうが都市部より確実に物価も安い。ICT の発展によって、地方でビジネスをする上での情報格差のデメリットは、いまやなくなりつつある。インターネットを駆使して地方でのビジネス展開にチャレンジすることで、地方の活性化、地方創生に貢献できる。また、仕事をしながら農作業に従事して自給自足に近い生活を目指す生き方もある。生涯現役を考えた場合に、地方での生き方・働き方を模索する動きは、今後ますます増えてくると想定される。

# 第9章

## 生涯現役の意義を

## 考える

# 1 年金から自立する意識が生まれる

　現在の国の財政状況を鑑みると、歳出が税収などを上回る財政赤字の状況が続いており、歳出と税収などの差額を借金で埋め合わせてきた結果、借金（普通国債残高）は年々積み上がって、2019年度末で897兆円となると見込まれている。これは税収の約15年分に相当し、国民1人当たりに換算すると713万円の借金を負っている計算になる。ある意味、20万円の収入しかないビジネスパーソンが、借金をしてまで40万円あるいは50万円レベルの生活をしているような状況だから、どう考えても、現在の財政状態で今後も突き進んでいくことは難しいと思われる。国民の多くが国の将来の財政状況に対して不安を多少なりとも持っている。

　そういう前提で考えれば、万が一年金が支給されなくなったとしても、生涯現役で仕事を継続することを考えておくことは、いわゆる人生におけるリスクヘッジになる。

　総じて、現在は男女問わず平均寿命が80歳を超えているので、今後は最低でも80歳までは、自分でなんとか稼ぐという意識を持っておくことは人生のリスクマネジメントとして大切である。すなわち年金に頼らず、生涯現役で働いて自分で稼いで生活していくという発想は、ある意味で真のリスクマネジメントといえるだろう。

# 2 家族との良好な関係を再構築できる

特に男性に当てはまる内容だが、今まで「亭主元気で留守が良い」と言われて会社で朝早くから夜遅くまで頑張ってきたビジネスパーソンが、60歳以降に会社を辞めて1日中家にいると、なんとなく家の中の雰囲気が変わってきて、結果的に家庭内がぎくしゃくしてしまう場合があるようだ。

要するに、今までは夫が仕事で家にいなくて、それで家族の秩序が保たれていたわけだ。「亭主元気で留守が良い」というのは、1986年のTVコマーシャルのコピーから広がった言葉で、流行語の一つにも選ばれたが、残念ながら現在でも現実に当てはまっているようだ。やはり定年を迎えても、1日中家にいるよりは、外に出て行動しているほうが、家族との関係を良好に保てるのかもしれない。

生涯現役を前提にして仕事を継続できるならば、家族との良好な関係を維持できて、かつ再構築できるのではないだろうか。平日は朝に出掛けて夜に帰宅するという夫の生活スタイルに、妻は長年慣れている。生涯現役を目標に60〜70代になっても平日は朝に出掛けて夜に帰宅する流れを継続するほうが、妻にとっても安心感につながると想定される。

要は、60歳までの生き方を60歳以降もあまり変えないで継続できれば、家族との関係も円満に維持できるのではないかと、人生の先輩方を見ていて思う次第である。

一方で、仕事ではなくボランティアあるいは趣味に生きるという

選択肢もある。ボランティアにしても趣味にしても、60代以降、時間を割くことは大変有意義だと思うが、それでも、生活の中心となる仕事を別途持っているほうが、今までの生活リズムを崩さない点で、自身の健康や家族との良好な関係の維持につながると考えられる。

## 3 仕事は健康維持をサポートする

　私は、82歳の誕生日まで仕事をしていた父が、仕事を辞めてから急に元気をなくしてしまった状況をまざまざと見ている。その後、89歳で亡くなるまでの7年間は、まさに人生の柱を失ったような感覚を父の背中を見て感じた。やはり健康でいる限り仕事を続けることは生きる上でハリをもたらし、仕事を通じて社会とつながることは精神的にも身体的にも意義のあることではないかと、つくづく思う。

　確かに、60〜70代で仕事をしている方は若々しいし、元気で健康な方が多い。周囲から「元気ですね」とか「いつまでも若々しいですね」とか、「いつもきびきびしている」と言われることが、心と体を若返らせ、気持ちを前向きにさせる。表情や動作の機敏さが周囲には元気で若々しく映るのだろう。第4章で生涯現役を実現するための必須要件として、健康に気を配る必要性を述べたが、本当の意味での精神と身体両面からの健康維持の礎は仕事ではないかと考える。

　読者の皆さんの周囲にいる60〜70代で仕事をしている方が、と

ても元気そうで、充実した人生を過ごしていると感じるとしたら、仕事そのものが、健康にもプラスに働いている現れといえるだろう。

# 4 社会とのつながりを維持する

　世界保健機関（WHO）は憲章において、健康の定義を以下のように定めている。ポイントは、肉体的、精神的だけでなく「社会的」という要素が入っていることだ。

> Health is a state of complete physical, mental and social well-being and not merely the absence of disease or infirmity.
> 健康とは、病気ではないとか、弱っていないということではなく、肉体的にも、精神的にも、そして社会的にも、すべてが満たされた状態にあることをいいます。

　仕事というものは、基本的に社会とつながらなければ存在しない。すなわち、仕事を通じて社会とのつながりを継続することで、自分の役割とか、存在意義が明確になって、生きる価値を見いだせて、それが真の健康につながると考えられる。

　80歳でエベレストに登頂した三浦雄一郎氏が、2019年1月に、南アメリカ大陸最高峰のアコンカグア（標高6961m）に、86歳にしてチャレンジした。健康面の配慮から結果的に登頂は途中で断念したものの、80歳でエベレストを踏破した人が、86歳でまたチャレンジする。三浦雄一郎氏の前向きでチャレンジングな姿勢に勇気づけられた方も多いだろう。

80 〜 90 代になっても、町の医者として現役で仕事をされている方や、美容師として活躍して周囲から頼りにされている方がテレビで紹介されることがある。個人的なスキル、あるいは特殊な技能を持ったスペシャリストは、80歳を超えても健康であれば仕事を継続することが可能であり、社会とのつながりを維持できるわけだ。

## 5　若い世代に向けての社会貢献の尊さ

　ある俳優が、80代になっても現役を続けながら、若手を指導することで、刺激を与えているという話を聞いたことがある。企業内で70 〜 80代になっても仕事を続けている方は、若い世代から尊敬されるだろう。老害にならず、気概を持った70 〜 80代が最前線で頑張って仕事をし、組織に貢献する姿は、若い世代にとって頼もしく映るに違いない。言い換えるならば、そういう姿が若い世代に将来への希望を与えることにつながる。

　第6章で示した80歳を60歳、60代を40代、70代を50代と捉え直す年齢認識改革を実践し、元気よく、若々しく仕事を続ける70 〜 80代が増えることが、日本の将来を救うと私は考えている。

　現在40 〜 50代の読者の方は、生涯現役のロールモデルとして、若い世代にとって模範となることが、自身の人生ならびに日本の将来のためになると考える。ぜひとも実りの多い人生を設計できるよう、今から生涯現役を目指してほしい。

# 第 10 章

## 「働き方改革」と
## 生涯現役を考える

# 1 働き方改革の真の狙いとは

いま世間では「働き方改革」を合言葉に、残業削減や休暇の充実・取得促進、テレワークの推進など、主に長時間労働を抑制し、働く場所の自由度を高めるためにさまざまな取り組みが進められている。決まった時間に会社に出社し、長時間働き、残業が評価され、休暇が取りづらいといった昭和から平成にかけて定着したワークスタイルは、いまや大きく変わろうとしている。

私は、働き方改革のコンセプトで一番大事なのは、「その人が働きやすいように働ける」ということだと考えている [図表10－1]。すなわち、働き方改革は個々人の価値観によって異なるということだ。施策面でいえば、①ノー残業デーによる時間外労働の削減、②年次有給休暇の取得推進・特別休暇制度の導入、③会社に出社しないで家で仕事をする在宅勤務、④自分の座る場所を自分で決めるフリーアドレスなどが挙げられるだろう。

[図表10－1]　働き方改革のコンセプト

> 自由度：自律的に裁量を持った働き方を実現できる
>
> 柔軟性：自分の都合のよい時間・場所で働ける
>
> 多様性：さまざまな選択肢の中から選べる
>
> 公正さ：制度を利用したことで不利にならない
>
> やりがい：仕事を通じて成長できる、組織貢献できる
>
> ➡その人が働きやすいように働ける

　例えば、在宅勤務が向かない、毎日会社に行きたいという人は、毎日会社に行けばいいし、期日までに仕上げなくてはならないやるべき仕事があるのであれば、夜遅くなってもやりきるまで仕事をする人がいてもよい。フリーアドレスを導入しても、人の座る場所はだいたい決まってきてしまうので、自分の席が固定しているほうが働きやすいのであれば、その人の思いも大切にする必要があるだろう。

　要するに「働き方改革」とは、生産性を向上させるための取り組みであり、いうなれば、個々の効率性が上がるように仕組み・仕掛けを整えて、その代わりきちんと成果を問えばよい。組織の視点からすれば管理の効率性という意味で全社員に対して同じ制度を適用する流れになりがちだが、私自身は、個々によって価値観も異なり、抱える事情も違うので、自分らしく働ける環境を整えることこそが、最大の成果を上げることにつながると考える。一概に、上から下に押し付けるような働き方改革ではなく、個々にある程度選択の幅を持たせることが重要だろう。

## 2 仕事を楽しめることこそプロ人材

　2019年4月に施行された働き方改革関連法では、高度プロフェッショナル制度（特定高度専門業務・成果型労働制）が創設された。時間ではなく成果で評価される働き方を希望する労働者のニーズに応え、その意欲や能力を十分に発揮できるようにするため、時間外・休日労働協定（36協定）の締結や深夜も含めた割増賃金の支払い

等の義務を除外するというものである。

　私は、"プロフェッショナル人材"とは、働くことに関して時間に関係なく仕事そのものを楽しめている人だと考える。逆に言えば、仕事を楽しめていないプロフェッショナル人材はいないというわけだ。そういう視点から見れば、仕事を楽しめる働き方こそがプロフェッショナル人材に通じ、結果的に生涯現役につながっていくと考える。

　その意味では、生涯現役というのは、死ぬ間際まで仕事を続けることではなく、例えば、60代は仕事に集中して70代は仕事以外にボランティア活動に集中して時間を割く、あるいは仕事と同時に自分の趣味である海外旅行をしてみるといった具合に、自分なりの価値観に基づいた新たな目標を設定していくことも、生涯現役の広い意味での新しい捉え方になるだろう。すなわち、個々の価値観に従い、生涯現役の捉え方も人によって異なってもよい。一般的に60代までは仕事を継続したいというビジネスパーソンが多いと想定されるが、70代以降の在り方も含めて、自分の働き方・生き方に真摯に向かい合うことが、個々に応じた生涯現役のコンセプトの形成につながっていく。

# 第 11 章

## 生涯現役に向けた

## 心構え

# 1 戦後の復興期を考えたら 日本の将来への可能性はまだまだある

　2019年7月23日に開催された、慶応義塾大学の名誉教授で、現在首都大学東京の理事長である島田晴雄先生が主催する島田塾のテーマは「戦後復興、奇跡の真実」で、講演は熱を帯び約3時間に及んだ。

　島田先生の講演を聴いて、現在の社会環境や経済環境にはさまざまな問題があるが、太平洋戦争後の復興期の大変さを考えたら、現在の社会や経済環境はまだまだ大したことはないのではないかという感想を持った。

　島田先生は講演の中で、戦後の奇跡的な復興要因として環境面では朝鮮特需、そしてアメリカによるソ連に対抗するための"鉄のカーテン"と呼ばれた冷戦対策を挙げていた。一方で主体要因としては、やはり新しい起業家が出てきたことを強く指摘していた。当時は、本田宗一郎や井深 大、盛田昭夫、そして松下幸之助といった日本経済の将来を支えることとなる起業家の存在があった。当時の起業家による旺盛なベンチャー精神とグローバル企業に飛躍発展するための強い想いから日本は高度成長期を迎えた。島田先生は、起業家の輩出は戦後復興を担った原動力として大いに参考にすべきであると語っていた。

　戦後の復興は、確かに朝鮮特需や冷戦といった環境要因に助けられたのは事実ではあるが、その当時の混乱や苦労を鑑みれば、少子高齢化などの課題は抱えるものの、平和で安定した現在の環境は恵まれた状況といえ、国民一人ひとりが将来に対する希望や可能性を

信じて、内に引きこもらず、果敢に挑戦し、突き進んでいく必要が
あると考える。

## 2　少子高齢化社会の到来をチャンスと捉えて、生涯現役を通じて自助の時代を前向きに生き抜こう

　少子高齢化社会で社会全体が縮んでいくというマイナスのイメー
ジがあるが、人口の一定割合を占める高齢世代は、自活し、社会と
つながり、若い世代を側面から支援していける存在になるべく、気
概を持って生きていくことで、日本の将来に希望が見えてくる。そ
れが、この本の冒頭で語った"人生二毛作"に対する準備であり、
かつ、生涯現役を目指して80代までは輝いている人生を送るとい
う気概でもある。

　SMAPや嵐など数多くの男性アイドルを育て、2019年7月に87
歳で亡くなったジャニー喜多川氏は、代表取締役社長として最後ま
でエンターテインメント界に身を置き現役を貫いてきた。9月に東
京ドームで行われたお別れの会では、ジャニーズ事務所の所属タレ
ントのみならず、8万8000人に及ぶファンが会場に足を運んだこ
とは、ジャニー喜多川氏の社会に対する貢献度の大きさを物語る。
80代でも現役で、かつ多くの方から慕われるのが、40〜50代のビ
ジネスパーソンが目標とすべきゴールではないかと考える。

　確かに現代は5年後10年後も予測不可能な時代ではあるが、将
来、20代30代の若手に尊敬されるような80代を目指していくた
めにも、40〜50代のころから、自分なりに各人が将来に向けて準
備をしていくことが大切であると考える。

将来が見えない中でも自分なりに希望を持ち、目標を掲げて生きていく姿勢や、どうなるか分からない状況下においても気概を持って、若い世代が尊敬する、あるいは憧れるような存在を目指すべきではないだろうか。

　そうした気概を持った60代70代のビジネスパーソンが今後増えてくれば、日本の将来も大きく変わってくると確信する。

　令和の時代は、企業に依存するのではなく、各々のビジネスパーソンが自立して、「自助の時代」を真正面から真摯（しんし）に捉えて前向きに生きていくことが、今後の少子高齢化社会に求められることではないかと考える。

　当然ながら、個々のビジネスパーソンの生き方は違うし、価値観も違う。人口減少かつ高齢化社会というマイナスイメージがプラスに転じるよう、一人ひとりのビジネスパーソン、特に40代以降のビジネスパーソンが前向きな意識を持つことで、日本全体が変わってくるし、日本の将来に対して明るい希望が持てると強く確信している。

# おわりに

　最近、スポーツの世界では、10代から20代前後の若い世代が、世界レベルで活躍していて日本人として非常に頼もしい限りである。

　戦後の、特に敗戦の中から日本を復興に導いてくれた私の親世代は、子どもによりよい教育を受けさせようと、日々一生懸命頑張って働いてくれたことに感謝してもしきれないくらいありがたいという気持ちを禁じ得ない。

　戦後の艱難辛苦を鑑みれば現在の80〜90代の方が医療を含めて年金でフォローされているのは、至極当然のことではないかと考える。

　一方で、私を含めた現在の60〜70代は、高度経済成長の活力ある時期に育てられてきた世代なので、戦争の厳しさや悲惨さは知らない代わりに、日本の将来に対して責任があるのではないかと思うわけである。

　日本が少子高齢化社会に突入しているわけであるから、特に40〜50代は、ビジネスパーソンとして各自が自覚を持って、自分が今後どのように社会に貢献して、20〜30代にいかに寄与できるかを考えていくことが、重要なのではないだろうか。

　我々世代が小さかった頃は、今のように豊かで便利な時代ではなかったため、程度の差はあれ、おしなべてハングリーさは持っていた。私が小学校高学年だった昭和40年代は、家に帰ったら普段は両親ともに仕事に出ていて、帰宅しても自分しかいない"鍵っ子"と

呼ばれていた。"鍵っ子"とは、両親が共働きで学校から帰っても他の家族が自宅にいないため、自ら家の鍵を開ける生活が当たり前の子どもを指す。学童保育の整備によって、今では"鍵っ子"は死語になってしまったが、当時は私のような状況は極めて一般的だった。それなりに生きることに一生懸命だったからこそ、言葉は悪いが、"引きこもり"ができる余裕や家の居住スペースはなかったし、周囲にも"引きこもる"者はおそらくいなかったと思われる。もっとも、当時の小学校の入り口にまったく"セキュリティー"はなく、自由に出入りができるおおらかな時代でもあった。

　戦中戦後のかなり厳しい時代の経験はないが、50〜60代は、日本のこれからの"自助の時代"において、自身の生き方を真剣に考えるべきであろう。

　今の"働き方改革"において働き方、あるいは時間の使い方に関して自分なりの裁量の自由度が増していくと、一方では自らを律していく要素も問われてくる。別の視点から考えれば、"自助の時代"はいわば"自立の時代"ともいえる。自らが頑張って結果（実績）を出さないと報酬（給与）がついてこないため、自己責任が問われるともいえる。

　要は、"働き方改革"とは、結果的に個に対する自己責任が問われるので、自分をうまく律しながら、同時に結果（実績）が伴うように努める必要があるわけだ。

　何で仕事をするかという問いに対して、どう結果を生み出すかが問われる時代が、ある意味で"自助の時代"の本質といえるだろう。

# 最後に

　2020年はアメリカとイランの武力衝突や日産自動車の元会長カルロス・ゴーン氏のレバノンへの逃亡劇のニュースから始まりました。一方で、オーストラリアの大規模な山火事に代表される気候変動や中国の武漢から世界中に広まった新型コロナウイルスの影響も気になるところですが、夏には日本でオリンピックが開催される年であり、良い年になることを祈念するばかりです。

　今回の本は、今後の日本の明るい将来に向けて"生涯現役"をテーマに書かせていただきました。読者の皆さんには、誠に僭越ながら、今後の「働き方」あるいは「生き方」に関して少しでもプラスになる前向きなメッセージを届けることができたならば著者として望外の幸せです。

　なお、この本を出版するに際して、社会人になってからお世話になった日商岩井株式会社（現・双日株式会社）、ソロモン・ブラザーズ・アジア証券会社（現・シティグループ証券株式会社）、株式会社ブリヂストン、東京エグゼクティブ・サーチ株式会社、そしてシンガポールでお世話になった株式会社ジェイエイシーリクルートメントの皆さんにお礼申し上げます。

　さらに東洋大学教授でアカデミーヒルズの理事長でもある竹中平蔵様、および熊田ふみ子様、小林麻実様、久保田理恵様、そして津田真美子様をはじめとするアカデミーヒルズのスタッフの皆さん、リクルートワークス研究所所長である大久保幸夫様、小笠原六川国際総合法律事務所の小笠原耕司様、丸正チェーン商事株式会社代表

取締役社長の飯塚司郎様、公認会計士の西山 都様、人材紹介会社の団体である一般社団法人日本人材紹介事業協会（人材協）の事務局長である川野晋太郎様および相談室長である岸 健二様をはじめとする皆さんにお礼申し上げます。

　また、普段からお世話になっている首都大学東京の理事長で島田塾の会長でもある島田晴雄先生、およびかつて労務行政研究所のWEBマガジンである"jin-Jour"において対談の機会をいただいた法政大学大学院教授および一橋大学イノベーション研究センター名誉教授でもある米倉誠一郎先生およびG&S Global Advisors Inc.代表取締役である橘・フクシマ・咲江様に感謝申し上げます。

　そして、先日WEBマガジンである"jin-Jour"に対談させていただいた一橋ビジネススクール教授の楠木 建先生および元カルビー代表取締役会長兼CEOの松本 晃様との対談内容も今回の本に転用させていただいて、あらためてご両名にお礼申し上げます。

　最後に、この度の出版の機会をいただいた一般財団法人労務行政研究所の荻野敏成様、前田昌彦様そして普段から弊社を支えていただいているすべての皆さんにあらためて心よりお礼申し上げると同時に、労務行政研究所のWEBマガジンである"jin-Jour"でかつて対談させていただいたセコム株式会社創業者である飯田 亮様の後を受けて社長および会長として活躍された木村昌平様のご冥福を心からお祈り申し上げて筆を置かせていただきます。

令和2年1月吉日

　　　　　　　佐藤人材・サーチ株式会社　代表取締役社長

　　　　　　　　　　　　　佐藤文男

# 巻末資料
## 今まで出版した 18 冊の書籍を振り返って

　私は今まで 18 冊の著書を出版してきた。各々の書籍に対する思いを以下に述べたい。


・1 冊目『転職でキャリアを作る』（ダイヤモンド社・2001 年 9 月刊）

　　世の中でまだ転職が一般的ではない時代だったが、転職のノウハウとそのための準備・手続きを提示するというコンセプトで出した処女作。おかげさまで電子書籍になっていまだに読まれている。

・2 冊目『転職診断』（プレジデント社・2003 年 3 月刊）

　　「その転職に待った」をコンセプトに、いろんな具体例を交えながら、転職すべき例とすべきでない例を具体的に書いた本である。

・3 冊目『キャリアアップのプロが教える転職の完全成功術』
（中経出版・2004 年 2 月刊）

　　初めて転職する人向けに、特に 20 〜 30 代を対象に分かりやすく書いた転職のノウハウ本である。読み物としても読みやすいように仕上げた。

・4 冊目『40 歳からの転職術』（日経 BP 社・2004 年 4 月刊）

　　40 代からの転職は決して遅くないというコンセプトで、40 歳からの転職のノウハウを実体験を踏まえて書いた。この本は翻訳されて韓国でも販売された。

・5 冊目『転職のバイブル 2006 年』（経済界・2005 年 3 月刊）

　　これは 2006 年版、2008 年版（2007 年 2 月刊、8 冊目）、2010 年版（2009 年 2 月刊、10 冊目）、2012 年版（2011 年 3 月刊、12

冊目）と２年ごとに改訂して、最新トレンドを含めて転職のノウハウを書いた本である。2008 年のリーマンショックもあって、転職の流れは変わったが、その時期にマッチした転職のアドバイスをしている。

・６冊目『あなたの本当の力を会社に気づかせる方法』
（PHP・2005 年６月刊、大久保幸夫氏との共著）

　リクルートワークス研究所所長の大久保幸夫氏との共著。キャリアアップの在り方について、私は転職に関する内容を担当。転職を勧めるというよりも、今の会社でいかにキャリアアップをしていくか。一方で転職の道も提示するという流れの本。共著は本書のみ。

・７冊目『ヘッドハンティングバイブル』（経済界・2006 年２月刊）

　ヘッドハンティングに関して仕事内容の紹介、そのときの自分の思いなどを展開している。僭越だが、ヘッドハンティングは売り上げのみを追うビジネスではないと書いている。

・８冊目『転職のバイブル 2008 年』（経済界・2007 年２月刊）

　『転職のバイブル 2006 年』（経済界・2005 年３月刊）の改訂版。

・９冊目『転職後、いい仕事ができる人の条件』
（経済界・2008 年４月刊）

　転職した「後」に特化した本は前から書きたかった。過去に出した転職の本は転職する「前」が中心だったが、これは転職後のことに関心を持ってもらうために書いた本である。転職後どうあるべきかとか、転職後に失敗しないための法則とか、具体例を入れながら書いた本である。

・10 冊目『転職のバイブル 2010 年』（経済界・2009 年２月刊）

　『転職のバイブル 2008 年』（経済界・2007 年２月刊）の改訂版。

・11 冊目『なぜ、あの人だけが採用されるのか』
（経済界・2010 年 2 月刊）

　リーマンショック後、景気が減速して、リストラが進む中で、人材紹介（人材サーチ）もかなり足踏みをした時期であった。一方で自分の意思ではなく転職を迫られる人が出てきて、再就職を考えざるを得ない人を応援するというコンセプトの本である。再就職した人から手紙をもらったりして、私も非常に感慨深い。

・12 冊目『転職のバイブル 2012 年』（経済界・2011 年 3 月刊）

　『転職のバイブル 2010 年』（経済界・2009 年 2 月刊）の改訂版。

・13 冊目『35 歳から出世する人、しない人』
（クロスメディア・パブリッシング・2012 年 4 月刊）

　初めて出世をテーマに書かせてもらった本。出世というのは企業の中での昇進・昇格だけではなく、キャリアアップするという意味での出世を意味する。今の会社でいかにキャリアアップしていくかをコンセプトに書いた。転職についても多少触れている。この本は韓国語と中国語（繁体字）に訳され、海外でも販売された。

・14 冊目『なぜあなたは、間違った人を採ってしまったのか？』
（クロスメディア・パブリッシング・2012 年 9 月刊）

　特に中小企業やベンチャー企業が採用で苦しんでいたことを契機に企画。私自身の採用経験も踏まえて、いかに失敗しないための採用をするか、採用がうまくいかない会社へのアドバイスで構成した。採用する側に読んでもらう視点で書いた本である。

・15 冊目『10 年後に後悔しない転職の条件』
（経済界・2013 年 4 月刊）

　2 年ごとに改訂してきた『転職のバイブル』の集大成として出した本。同書の副題が「転職のバイブル 2014 年版」。アベノミク

スがスタートした年で、転職が加速化していく流れが出たときで
ある。私は、この本を出してからシンガポールに修行に向かった。

- 16冊目『3年後、転職する人、起業する人、会社に残る人』

（クロスメディア・パブリッシング・2015年8月刊）

　シンガポールから帰国して久しぶりに出した本。若い世代で起
業する人も増えてきたことから、自分自身の経験も振り返って、
特に20代後半から30代に向けて、キャリアアップとして転職も
あれば、起業もあり、今の会社で頑張り続けるのもありと多角的
な視点で展開。終身雇用や年功序列はないけれど、今の会社で頑
張ることも大事で、常にそういう三つの選択肢が同時にあるとい
う想いで書いた本である。

- 17冊目『社長は、会社を変える人間を命がけで採りなさい』

（クロスメディア・パブリッシング・2017年8月刊）

　島田塾のメンバーズトークで私が話をしているときに、島田晴
雄先生にアドバイスを頂戴したことがきっかけで出すことになっ
た本である。中小企業やベンチャー企業の経営者向けに、今、人
材不足で採用が逼迫している中で、いかに良い人材を採るかとい
うことに関して、特に、会社にイノベーションをもたらす「変革
人材」の重要性に関してコメントした。もちろん、「即戦力人材」
も会社に不可欠だが、変革人材が今後の企業の将来を担うという
意味で書き下ろした本である。

- 18冊目『今よりいい会社に転職する賢い方法』

（クロスメディア・パブリッシング・2018年8月刊）

　2013年4月に『10年後に後悔しない転職の条件』を経済界か
ら出版して約5年が経過し、転職を取り巻く環境も変わったので、
最新トレンドも含めて転職ガイドブックとしてまとめた本。20〜

30 代では電子書籍で本を読むことに慣れている方が増えてきていることを意識して電子書籍にて出版した。本形式で読みたい方のためにプリント・オンデマンドで印刷することも可能にしてある。

■著者紹介

**佐藤文男**（さとう・ふみお）

1960年東京生まれ。1984年に一橋大学法学部卒業後、日商岩井株式会社（総合商社／現・双日株式会社）、ソロモン・ブラザーズ・アジア証券会社（外資系証券／現・シティグループ証券株式会社）、株式会社ブリヂストン（メーカー）等、異業種において人事（採用）業務および営業（マーケティング）を中心にキャリアを積み、1997年より人材紹介（スカウト）ビジネスの世界に入る。2003年に佐藤人材・サーチ株式会社を設立する。2008年より4年間にわたり一橋大学のOB会である「如水会」の監事を務める。2013年3月に佐藤人材・サーチ株式会社が第10期を終了すると同時に同年4月よりシンガポールに拠点を移し海外での人材紹介ビジネスの研鑽を積む。2014年にシンガポールから帰国して2015年4月より佐藤人材・サーチ株式会社を再起動する。

著書は共著も含めてこれまで18冊を刊行。近著に『今よりいい会社に転職する賢い方法』『社長は、会社を変える人間を命がけで採りなさい』(いずれもクロスメディア・パブリッシング) などがある。また、本業の傍ら2017年4月より山梨学院大学の現代ビジネス学部の客員教授として週1回「実践キャリア論」の授業を行っている。

カバー・本文デザイン、DTP ／株式会社ライラック
印刷・製本／株式会社加藤文明社

自助の時代
# 生涯現役に向けたキャリア戦略

2020年3月6日　初版発行

著　　者　佐藤文男
発行所　株式会社 労務行政
　　　　　〒141-0031 東京都品川区西五反田3-6-21
　　　　　　　　　住友不動産西五反田ビル3階
　　　　　TEL：03-3491-1231
　　　　　FAX：03-3491-1299
　　　　　https://www.rosei.jp/

ISBN978-4-8452-0392-5
定価はカバーに表示してあります。
本書内容の無断複写・転載を禁じます。
訂正が出ました場合、下記URLでお知らせします。
https://www.rosei.jp/static.php?p=teisei